O GOLPE DE 2019 NA BOLÍVIA

O golpe de 2019 na Bolívia

PAULO NICCOLI RAMIREZ

Imperialismo contra Evo Morales

Porto Alegre, RS
2023

coragem

© Paulo Niccoli Ramirez, 2023
© Editora Coragem, 2023

A reprodução e propagação sem fins comerciais do conteúdo desta publicação, parcial ou total, não somente é permitida como também é encorajada por nossos editores, desde que citadas as fontes.

www.editoracoragem.com.br
contato@editoracoragem.com.br
(51) 98014.2709

Produção editorial: Thomás Daniel Vieira.
Preparação e revisão de texto: Nathália Boni Cadore.
Transcrição da entrevista de Evo Morales: Jobana Moya.
Tradução da entrevista de Evo Morales: Fabio B. Pinto.
Coordenação: Camila Costa Silva.
Capa: Cintia Belloc.

Porto Alegre, Rio Grande do Sul.
Primavera de 2023.

Dados Internacionais de Catalogação na Publicação (CIP)

R173g   Ramirez, Paulo Niccoli
           O golpe de 2019 na Bolívia: imperialismo contra Evo Morales / Paulo
        Niccoli Ramirez – Porto Alegre: Coragem, 2023.
           272 p.

           Inclui Transcrição da entrevista com Evo Morales.
           ISBN: 978-65-85243-12-4

        1.Morales, Evo. 2. Golpe de estado – Bolívia – 2019. 3. Governo Evo
     Morales. 4. Imperialismo – América Latina. 5. Eleições – Bolívia – 2019. 6.
     História política – Bolívia. 7. Neoliberalismo – América Latina. I. Título.

                                                          CDU: 316.485.26(84)

Bibliotecária responsável: Jacira Gil Bernardes – CRB 10/463

Este livro é dedicado a Alfredo Serrano Mancilla. Não o conheço pessoalmente e nunca conversei com ele, mas sei que sem ele Evo Morales não estaria são e salvo e este livro não seria possível.

SUMÁRIO

01. Apresentação — 11

02. Dependência e neoliberalismo na América Latina — 37

03. Fascismo do neoliberalismo; neoliberalismo do fascismo — 51

04. Evo Morales, presidente descolonizador e decolonial — 115

05. Os mandatos decoloniais de Evo Morales — 131

06. As polêmicas das eleições para o quarto mandato de Evo — 155

07. O golpe: OEA e a fraude — 179

08. Evo: golpe, exílio e retorno — 209

Transcrição da entrevista com Evo Morales — 233

CAPÍTULO 01

APRESENTAÇÃO

Dia 28 de janeiro de 2022 realizei, ao lado de Thomás Daniel Vieira (editor da Editora Coragem) e Jobana Moya Aramayo (de origem boliviana e então estudante da Fundação Escola de Sociologia e Política de São Paulo – FESPSP), no Trópico de Cochabamba[1], na Bolívia, mais precisamente em Villa Tunari, a entrevista com o ex-presidente daquele país, Evo Morales, vítima de um golpe de Estado em novembro de 2019, tema central deste livro. Por ocasião de uma intermediação da ex-colega de ensino básico do final do século XX, Adriana Moreira Lima, a editora promoveu o contato para que pudesse produzir um livro sobre o golpe, notadamente de caracterís-

---

1. Trópico de Cochabamba é uma região distante cerca de 195km da cidade de Cochabamba. É um território com temperatura tropical com preponderância de grupos étnicos de origem indígena. Há a produção agrícola com destaque para a produção de folhas de coca.

tica civil, porém com amplo apoio das Forças Armadas e policiais bolivianas. Havia recebido o convite no início de 2021 e a princípio propus uma possível entrevista on-line com o presidente, ainda que sem muita perspectiva de realizá-la, já que não possuía ou conhecia nenhum contato imediato que me permitisse alguma aproximação com Evo Morales.

Procurei, mediante indicações de indicações, contato de contatos e com a utilização de redes sociais pessoas que pudessem me levar próximo ou à assessoria de Evo e assim buscar de alguma forma entrevistá-lo. Em poucos dias recebi do cientista político Rafael Araújo (PUC-SP) a indicação de um orientando seu, Edson Lopes da Silva Monteiro (profissional brasileiro que atuou na campanha presidencial de Evo em 2019), que me conduziu por meio do uso do aplicativo WhatsApp a uma assessora direta de Evo, Cintia Parra, a quem apresentei a proposta da entrevista e o desejo de coletar informações sobre o golpe de 2019 diretamente com o ex-presidente. Depois de alguns contatos e muitas insistências minhas, Cintia me direcionou a outra assessora, ainda mais próxima de Evo, conhecida como Ceci, a quem agradeço a articulação da entrevista. Desprovido de grandes recursos materiais, minha ideia original era promover uma entrevista on-line, no entanto, foi-me dito que Evo gostaria que ela fosse presencial na Bolívia (na verdade, fez questão que assim o fosse), o que de início ultrapassou as ambições originais desse projeto e ampliou o escopo da proposta deste livro, fosse no que diz respeito à coleta de dados ou à logística necessária para que uma entrevista em território boliviano se tornasse possível.

Apresentação

As negociações para a realização da entrevista foram impactadas pela pandemia de COVID-19 que assolou a humanidade a partir do ano de 2020. Ao menos em duas ocasiões foi preciso cancelar a entrevista. Em julho de 2021, primeiro período previsto para a entrevista, não havia imunizantes ou vacinas suficientes distribuídas pelo governo brasileiro, o que estancou a perspectiva de uma visita a Evo; nas férias de julho de 2021 eu havia sido vacinado apenas com a primeira dose (lembro que havia falta de vacinas no Brasil governado por Jair Bolsonaro, além de intervalos entre uma dose e outra), o que impedia a viagem e aumentava o risco de contaminação. Em novembro de 2021, apesar de vacinado, dias antes da viagem fui informado que por questões de segurança e devido a protestos de extrema direita, Evo havia sido retirado da Bolívia por alguns dias. Fui tomado por um sentimento de grande frustração e a percepção de que esse intento fracassaria inevitavelmente. Em janeiro de 2022, enquanto passava breves férias em Paris, realizei novo contato com a assessoria de Evo Morales e ficou estipulado que o período provável da entrevista seria fevereiro de 2022, ainda sem confirmação certa e segura de qual dia. Voltando ao Brasil no final de janeiro e início daquele ano, fiz de forma insistente inúmeros contatos com suas assessoras, negociação intensa para agendar a entrevista e me foi dito que poderia encontrá-lo, enfim, durante o carnaval, que naquele ano ocorreu entre o final de fevereiro e início de março.

Não se tratava de minha primeira ida à Bolívia. Em janeiro de 2020, antes da pandemia de COVID-19, pude passar cerca de dez dias em diferentes cidades bolivianas, dois meses após o golpe ocorrido em novembro de 2019. Eu havia comprado passagens meses antes das conturbações sem imaginar o caos político que a Bolívia poderia enfrentar e, de certa forma, essa coincidência foi importante para minhas primeiras percepções a respeito do golpe, já que cheguei a um país que vivia um governo *de fato*, presidido por Jeanine Áñez, evangélica radical e opositora de Evo, segundo uma linha sucessória duvidosa, para não dizer inventada pelos golpistas.

Fiquei menos de dois dias em Santa Cruz de La Sierra, uma cidade que me pareceu nada diferente de outras cidades cuja vocação são os negócios. O predomínio da urbanidade e o seu caráter mais comercial praticamente ofuscavam qualquer dimensão das culturas tradicionais indígenas. Passei alguns bons dias entre Sucre, Uyuni, La Paz e Cochabamba, onde pude presenciar maior presença de grupos étnicos indígenas, suas manifestações políticas e diferentes formas de comércios, a maioria artesanais. O que me chamou atenção foi o aparente predomínio de mulheres liderando pautas políticas nas manifestações nas praças públicas centrais; e no comércio, onde pareciam liderar os caixas, vendas aos clientes e dar ordens aos homens funcionários, que as obedeciam com afinco.

O fato é que nos hotéis e certas localidades turísticas ou restaurantes, ao conversar com funcionários e pessoas nas ruas, elas constatavam a queda radical de visitantes naquelas cidades após a queda de Evo Morales. Notava que muitos procuravam culpá-lo por essa situação; outros até mesmo o relacionavam ao tráfico de cocaína ou, para minha absoluta incredulidade, chegavam a associar Evo aos incêndios na floresta amazônica

APRESENTAÇÃO

brasileira para prejudicar Bolsonaro. Para uma parte da população, Evo era visto como a encarnação de todos os problemas e males daquele país. Depois de viver e ser profundamente crítico ao *impeachment* de Dilma Rousseff em 2016, por meio de um golpe de Estado parlamentar operado pelas elites oligárquicas brasileiras, e observar tantas histórias fundadas em factoides e sensacionalismos grosseiros, repletos de *fake news* a respeito dos supostos fatores que levaram Lula à prisão em 2018 ou que conduziram à vitória do presidente fascista Jair Bolsonaro em 2019, eu cheguei à Bolívia vacinado e habituado a esses comportamentos e visões de mundo insanas, típicas da ideologia burguesa derrotada em eleições democráticas e alimentada por algumas dinâmicas nas redes sociais. Nesse sentido, observei, conforme descreverei adiante, a globalização do fenômeno das notícias falsas, assim como a manipulação causada sobre parte considerável da opinião pública, fosse na Bolívia ou no Brasil.

Contudo, outra parte (e mais numerosa) de bolivianos com quem pude conversar pouco ou alguns minutos, ou quando amigavelmente falavam comigo ou eu buscava por isso, possuíam a visão de que Evo havia transformado radicalmente o país e para melhor. Citavam com nostalgia programas de bolsas escolares, melhoras no transporte (sobretudo em La Paz, com a construção de teleféricos que a conectam até a cidade de El Alto), condições de vida, salários, acesso à saúde, entre outras políticas sociais elaboradas pelo seu governo.

Ficava evidente um país sob tensão, sendo que geralmente (não chega a ser uma regra, pois vi de tudo) comerciantes, profissionais do turismo e pessoas com maior poder aquisitivo destinavam *fake news* ou visões preconceituosas contra o ex-presidente indígena, de origem étnica Aimara; enquanto pessoas menos abastadas, outros tantos com trajes belíssimos tradicionais, como as cholas e suas roupas coloridas e chapéus, trabalhadores ou funcionários de hotéis (como garçons e faxineiras) buscavam afirmar o quanto Evo havia realizado um bom governo. Numa leitura sociológica, tratava-se de uma luta de classes com contornos simbólicos e étnicos, entre burgueses de matriz branca-europeia versus populações trabalhadoras de origem tradicional, camponesa ou indígena, historicamente exploradas, desde o colonialismo europeu do século XVI até hoje, sob a tutela do imperialismo norte-americano na região.

O conflito não se revela apenas em torno de disputas materiais, isto é, quem detém os meios de produção (e tecnocratas que possuem no mercado de trabalho altos postos para servir e organizar a exploração do trabalho) e quem vende a força de trabalho. O conflito dava-se igualmente sob uma perspectiva cultural, ou seja, relacionada aos valores simbólicos, constituindo o que Pierre Bourdieu (*A economia das trocas simbólicas*, 1974) designara como capital cultural e capital simbólico, formas de relações sociais que passam a legitimar, no interior de uma sociedade, relações de poder a partir de vestimentas, linguagem, alimentação, cultos religiosos, posições sociais etc.

Em Sucre e em La Paz, e mesmo na região do Lago Titicaca, percebi como muitos segmentos da sociedade boliviana têm a necessidade de valorização da cultura tradicional indígena. Jovens com vestimentas tradicionais indicavam uma disputa simbólica importante diante de um mundo globalizado

APRESENTAÇÃO

e imperialista que impõem certas marcas e padrões de consumo. Observei profundo sincretismo religioso para além do que se vê na Calle de Las Brujas em La Paz ou do que vi no dia 24 de janeiro de 2020 nas ruas de La Paz em função da festa Alasita ou da Abundância, quando os povos Aymara e Quechua promovem venda de miniaturas das mais diversas (casas, carros, barcos e afins), em barracas nas ruas, com o objetivo de presentear as pessoas próximas na esperança de que possam adquirir esses bens em tamanho real e grande, cedo ou tarde. Lembrei-me do *Ensaio sobre a dádiva* (1925) de Marcel Mauss, escrito no início do século XX, no qual o antropólogo nos diz que em sociedades tradicionais o ato de presentear não se resume ao objeto em si entregue ao outro. Na realidade, trata-se de uma parte de si, repleta de afetos e significados, entregue ao outro na forma de um presente. Significa dizer que o presente é o menos importante, sendo que os laços sociais e afetivos são o que importa. Fui tomado por essa percepção ao andar naquelas ruas do centro de La Paz e fiquei encantado com o que vi. Multidões apressando-se em comprar os presentes aos entes queridos e, nessa altura, já sentia os efeitos da altitude, sendo necessário tomar regularmente o chá de coca a partir de então.

Na região das balsas e no entorno do Lago Titicaca observei um outro fenômeno curioso envolvendo o sincretismo religioso. Uma caixa de som alta, um palco, um pastor evangélico pregando com uma Bíblia na mão. No entanto, os fiéis vestiam trajes tradicionais bolivianos; as cantorias e danças pareciam mesclar o monoteísmo evangélico e o politeísmo andino, ligado a diferentes etnias de povos originários.

Refere-se a uma tentativa de aculturação ou domínio cultural de uma religião sobre outra, porém, ao mesmo tempo revelava resistências sutis nas quais Jesus parece ser mais um entre tantas outras divindades que se misturavam ali referenciadas. Presenciei também, em frente a uma igreja, um padre da Igreja Católica abençoando carros adquiridos pelos fiéis. Perguntei a um deles do que se tratava e ele me apresentou o ritual. Antes da bênção do padre ao automóvel, um copo de cerveja ou qualquer outra bebida alcoólica era jogado ao chão em homenagem à divindade Pachamama (representa a mãe Terra, a fertilidade e o ciclo da vida). Segundo o que me informou, a divindade gosta de álcool, de modo que é preciso homenageá-la primeiro lançando a bebida alcóolica ao chão, depois a bênção do padre.

Notei também grande quantidade de materiais de construção nas ruas em diferentes cidades e muitas casas sendo construídas, sobretudo nos bairros que aparentavam ser mais simples, pareciam ser canteiros de obras que se avolumavam por toda parte, em terrenos vizinhos ou próximos de casas que aparentavam ter sido construídas recentemente. Tijolos, vigas, areia, cimento, carrinhos de mão, por onde passava observei que os três mandatos de Evo permitiram a muitas famílias terem condições mais dignas de vida, abandonando suas casas mais singelas e barracões e, no lugar, construindo suas residências com tudo que julgam necessário haver nelas.

Essas foram algumas de minhas percepções na primeira estadia na Bolívia, ainda que me encontrasse, a princípio, naquele país não na condição de investigador, senão como

APRESENTAÇÃO

mero viajante. Essa viagem permitiu uma análise descompromissada, ainda que nutrida da imaginação sociológica, que fornece senso crítico, algo recorrente estejamos nós sociólogos em qualquer lugar. Uma última situação curiosa que vivi foi quando em Sucre busquei pelo mercado municipal para conhecer e tirar algumas fotos. Entre elas, uma de espigas de milho coloridas expostas no chão, com tamanhos que no Brasil não se observam. Lembro que ouvi uma vendedora, com trajes tradicionais, comentando com outra sobre minha atitude: *"mira que idiota! Sacando fotos del maíz"*.

Embora tenha nascido no Brasil, minha família toda é chilena e pode-se dizer que minha língua materna é o espanhol, a ponto que durante minha infância pronunciava algumas muitas palavras com certo sotaque em português, motivo de piada entre muitos colegas. Com o passar dos anos percebi que a língua materna, o espanhol, facilitava minha comunicação com familiares distantes, assim como viagens pela América Latina e muitas diferenciadas leituras, da filosofia à literatura. Esse aspecto foi fundamental para que a entrevista com Evo fosse possível e ocorresse sem grandes entraves linguísticos, salvo quando algumas expressões foram impossíveis de compreender, até mesmo por Jobana, minha aluna boliviana e que contribuiu com o percurso até Evo Morales no Trópico de Cochabamba em 2022. Outro ponto importante desse trânsito entre línguas é tornar o tema do golpe da Bolívia menos distante do público de língua portuguesa.

Minha segunda visita à Bolívia, em fevereiro de 2022, teve como foco a entrevista com Evo Morales. Inúmeras situações poderiam ser narradas aqui a respeito das dificuldades de encontrar passagens aéreas às vésperas do carnaval brasileiro e boliviano; lecionar num colégio burguês pela manhã, de lá partir com celeridade no meio da tarde ao aeroporto de Guarulhos, em São Paulo, com os equipamentos necessários para a gravação da entrevista (utilizamos uma câmera semiprofissional e gravadores em celulares); ou mesmo escalas adversas entre um aeroporto e outro (Lima – Santa Cruz de La Sierra – Cochabamba) que elevaram o tempo de viagem a mais de 24 horas; problemas com os tipos de exames exigidos de COVID-19 nos aeroportos de Lima e Santa Cruz; o tortuoso caminho de mais de seis horas entre Cochabamba e uma estrada em construção, quando não de terra, que liga essa importante cidade ao Trópico de Cochabamba, mais especificamente a região de Chimoré e, perto dali, enfim Villa Tunari, onde encontraríamos Evo Morales. Menciono ainda a sorte por entrar em contato com Jobana dias antes, e que ela se encontrava por coincidência em Cochabamba exatamente no curto período em que estive na Bolívia. Sem ela teria sido impossível a locomoção até o Trópico, o que foi concretizado com o apoio de um simpático familiar seu que em troca de contato com Evo se dispôs a nos conduzir até o seu encontro. Outra variável da viagem foi o calor abafado do Trópico, de modo que lembro de Evo transpirando e enxugando seu suor com papel toalha, e eu também.

A definitiva confirmação da entrevista ocorreu apenas duas horas antes do encontro com Evo. Vivi a tensão de ter esforços financeiros e de locomoção inutilizados pela demora

APRESENTAÇÃO

na confirmação e o risco de não realizar a entrevista. A falta de créditos de internet no meu celular e o uso e empréstimo gentil do celular de Thomás apenas jogavam mais fermento à realização desse encontro, elementos que atrasaram e dificultaram a comunicação com a assessoria de Evo. No dia da entrevista, ao menos dois endereços diferentes me foram passados para garantir a segurança de Evo; chegamos num ponto em Villa Tunari com o automóvel do familiar de Jobana; depois por mensagem de celular nos direcionaram a outro endereço. Era uma rua mais afastada, em frente a uma casa com paredes altas. Não sabíamos onde estávamos. A assessora de Evo repentinamente abre o portão após nos enviar uma mensagem, nos cumprimenta e diz que esta é a casa de Evo. Pensei que tratava-se de um esquema de segurança, talvez cautela, afinal de contas Evo Morales chegou a ser procurado vivo ou morto em novembro de 2019.

Outras lembranças relevantes sobre nossa entrevista: os questionamentos de cidadãos locais e das autoridades nos aeroportos bolivianos nas viagens de ida e volta sobre o motivo de minha breve estadia, suas feições ora críticas, ora elogiosas sobre a figura política de Evo quando revelada por qual circunstância eu estava naquele país. Essas feições elucidaram um país dividido politicamente. Também sabia que deveria evitar ao máximo comentar o fato de ser filho de chilenos devido aos ranços étnicos nacionalistas derivados do sequestro territorial promovido pelo Chile, retirando dos bolivianos a saída ao mar do Pacífico em 1879. Sem dúvida essa informação poderia prejudicar qualquer coleta de dados.

Todos esses elementos são caracterizados com o que no campo da sociologia é designado como "etnometodologia", termo consagrado por Harold Garfinkel (1967) e que, em linhas gerais, estuda e descreve os bastidores da pesquisa acadêmica, assim como suas dificuldades na coleta de dados e nas entrevistas; envolve o que se passa atrás das cortinas de uma investigação científica. Todos esses temas mereceriam um outro texto ou escrito que poderia elucidar as dificuldades e potencialidades das práticas da pesquisa e o passo a passo de como cheguei até Evo Morales.

Não caberia aqui descrever em detalhes todas essas situações. Basta apenas afirmar que foram inúmeras circunstâncias que muitas vezes me causaram o sentimento de que fracassaria no intento de realizar a entrevista. Esses aspectos antropológicos-etnográficos se misturaram com a condição de cientista político que buscava, a partir de uma das mais importantes figuras da esquerda indígena da América Latina no século XXI, informações sobre o golpe de Estado de 2019 naquele país e a luta contra o imperialismo. Ficam aqui meus agradecimentos à equipe de Evo Morales, de Jobana e seus familiares, afinal essa corrente de colaboração me permitiu chegar até o ex-presidente e líder indígena, sendo que sou um ilustre desconhecido aos bolivianos.

O fato é que conseguimos ser a primeira equipe estrangeira a entrevistar Evo Morales em sua residência em Villa Tunari, segundo o que ele mesmo nos disse, algo que descobrimos apenas e tão somente quando entramos em sua casa. Um dia antes da viagem e considerando uma jornada insana

APRESENTAÇÃO

de trabalho em mais de três instituições de ensino diferentes, lembrei-me de que seria de bom tom levar presentes a Evo Morales. Providenciei uma cópia de meu livro sobre Sérgio Buarque de Holanda, *Sérgio Buarque de Holanda e a dialética da cordialidade* (EDUC, 2011), uma porção de brigadeiros; pé de moleque; e uma pequena garrafa de cachaça de jambu, o que foi uma sugestão de meu filho, Mateus. Após a entrevista, Evo retribuiu a visita e a entrevista com um convite para um almoço num restaurante cuja especialidade eram peixes. No restaurante, uma multidão cercou Evo para ovacioná-lo e ele pacientemente atendeu a cada um, tirando fotos e conversando com todos. Pude registrar esses momentos em vídeos e fotografias. A equipe almoçou por mais de uma hora com Evo, conversamos sobre futebol, pratos brasileiros e bolivianos, suas memórias com o presidente Lula, os problemas causados pela COVID-19 na Bolívia e algumas trivialidades sobre o sabor dos alimentos, a altitude de La Paz e a partida de futebol que assistimos no estádio *Bicentenario de Villa Tunari* no dia anterior, embora em posições diferentes em torno do campo.

A entrevista propriamente dita foi gravada por meio de áudio (em dois telefones celulares) e de uma câmera de vídeo semiprofissional. A entrevista foi dividida em quatro grandes temas, sendo eles: 1) a infância e a origem familiar, étnica e de classe de Evo; 2) suas experiências políticas iniciais até alcançar a presidência; 3) suas principais conquistas e políticas durante seus três mandatos presidenciais; e 4) o golpe de Estado e as ameaças a sua vida.

Aguardamos Evo por cerca de 20 minutos numa sala de sua casa. O dia estava quente e abafado e, de repente, Evo aparece abrindo uma porta. Confesso que fiquei por alguns instantes desnorteado, afinal trata-se de uma figura única no espectro político contemporâneo da América Latina. Evo é um homem alto que mantém com mais de 60 anos seus cabelos pretos. Me veio subitamente à cabeça, dadas as devidas proporções, algo semelhante à possibilidade de promover entrevistas com Che Guevara, Fidel Castro, Salvador Allende ou mesmo Vladimir Lenin. Gentilmente, Evo solicitou para que nos servissem sucos gelados. Em seguida, convidou-nos para sentar nos sofás da sala. Vale dizer que a casa era grande, porém não aparentava ser luxuosa, percebi que era coberta por muros altos e algumas câmeras de segurança visíveis do lado de fora. Durante o início da entrevista, Evo chegou a comentar que o terreno pertencia aos seus pais, onde havia no passado uma habitação mais simples. Além disso, comentou que sua casa ainda possuía alguma dívida devido ao financiamento tomado de um banco, salvo engano, comentou sobre um valor em torno de U$ 50 mil a U$ 90 mil que ainda devia. Certamente, tratava-se de uma estratégia para evitar os rumores de que havia enriquecido com a política a ponto de se tornar um milionário, comentários que ouvi em outras oportunidades de bolivianos contrários a Evo, e que me pareceram falsos. O livro *Evo operación rescate* (2023), de Alfredo Serrano Mancilla, jornalista que conviveu com Evo, talvez como nenhum outro durante o seu exílio na Argentina e México, comenta a respeito da

APRESENTAÇÃO

vida modesta de Evo, casas sem luxo, algumas que lhe foram emprestadas, e alimentação comum, igualmente.

Minha impressão sobre Evo é de um homem simples, carismático e com muita perspicácia política, no sentido de entender os jogos de interesses internos e externos ao seu país, semelhante à figura de Lula no Brasil. Esses elementos demonstram que políticos habilidosos não são necessariamente aqueles que têm o maior grau de conhecimento formal, nível de estudos superiores, ou que tenham recursos financeiros abundantes, senão são aqueles que sabem transitar, dialogar, entender e, por vezes, convencer diferentes setores da sociedade a compartilharem um projeto comum, ainda que perdurem diferentes visões de mundo; são conhecimentos empíricos apenas adquiridos mediante o contato com o povo e permanentes tensões e negociações com dominadores, fruto da experiência explícita do convívio com dificuldades em torno do que é sobreviver ao lado de problemas étnicos, como o racismo presente na Bolívia, além de dilemas econômicos e sociais. Evo é uma das raras figuras políticas que possui o mais profundo conhecimento de causa sobre o que é a pobreza, o que é viver preconceitos étnicos, ter terras usurpadas e tradições ameaçadas pelos interesses do capital. Evo é um líder político que adquiriu "lugar de fala" na política boliviana, ancorado nessas experiências, o primeiro presidente indígena eleito em seu país desafiou o colonialismo histórico.

Alfredo Serrano, em seu já citado livro, descreve as falas em entrevistas e no cotidiano de Evo Morales com os seguintes termos: "Evo maneja o que quer dizer e o que não quer. Não é de se estender nas respostas, como outros líderes políticos. Vai direto ao ponto e centraliza em várias mensagens-força [...]" (Serrano, 2022, p. 243). De fato, Evo não é um orador prolixo, tem respostas rápidas e suas observações tendem a ser as mais pontuais, sobretudo no que se refere ao golpe sofrido, conforme constataremos na entrevista presente neste livro e como consta em outros importantes livros sobre o mesmo tema. No entanto, destaco que nossa estratégia de entrevista, ao deixar as questões de suas três gestões presidenciais e o golpe de 2019 como últimos aspectos, talvez tenha trazido à tona e ao público um outro Evo. Questionamos primeiro sobre sua família, infância, tradições indígenas, experiências de vida e lutas que vinham desde antes de Evo ser o Evo político. O que fizemos, de certo modo, foi trazer à tona a sua memória afetiva, de modo que apresentou respostas mais longas que falavam desde as brincadeiras de infância, dos pratos prediletos e da relação com seus familiares. Vimos um Evo mais falante que o comum, contando sua própria história e como ela o conduziu às suas lutas pela autonomia dos povos tradicionais. Aos biógrafos, ou ao menos aos interessados na vida dessa liderança, temos aqui um "Evo por ele mesmo", o que, sem dúvida, é um registro histórico dos mais importantes que já obtive.

Acostumado a ser questionado primeiro (ou destacadamente) sobre seu governo, a luta anti-imperialista, a nacionalização das riquezas nacionais e suas relações com Cuba, Venezuela antes de Hugo Chávez, atualmente de Nicolás Maduro, Alberto Fernández, Lula ou Cristina Kirchner, acredito que nossas indagações iniciais o pegaram de surpresa.

APRESENTAÇÃO

Queríamos saber como surgiu Evo indivíduo, depois o político e, por fim, o presidente. Desde Proust, em *A busca do tempo perdido* (1914), escrito no início do século passado, sabemos dos trajetos da memória involuntária quando evocamos lembranças de sons, cores ou gostos que remetem à infância. A memória parece controlar de forma alinear o pensamento e não o pensamento controlar linearmente a memória. Esse processo se dá por meio da ativação das faculdades sensoriais. Proust parece destacar um tempo que não é linear e que permite o trânsito entre o passado e o presente, de forma que em seu conjunto de livros não nos é permitido saber ao certo qual idade o autor está descrevendo de fato. O passado não é um já foi, um ponto imóvel ou fixo pretérito, senão um porvir, sempre em transformação quando articulado com o presente. Dessa forma, o passado é sempre uma construção do presente, permitindo resgatar com profundidade os sentimentos que deram origem ao indivíduo quando ele se descreve no agora. Quando questionamos sobre a infância de Evo, pareceu-me que era sua memória presentificada quem dava as respostas, alimentada pela reminiscência das sensações que variavam desde sabores ou roupas utilizadas para se proteger do frio. Assim como Proust, que promovia longas narrações a partir dessa memória involuntária e afetiva, guiada a partir dos sentimentos e sensações corpóreas, vimos em Evo, com seus mais de 60 anos, um narrador de sua própria existência e história, cujas experiências, primeiro sensoriais e depois políticas, constituíram respostas ao meu ver únicas, talvez com os mais ricos detalhes já oferecidos por ele mesmo a um pesquisador, eximindo-me de narrar eu mesmo sobre sua formação e origem nesse livro.

Por isso, deixarei aspectos biográficos de Evo por conta dele e me esforçarei nas próximas páginas em descrever quais mudanças significativas Evo Morales produziu na Bolívia e sob quais condições sofreu o golpe de Estado, seja pelo viés (geo) político ou contexto das crises democráticas contemporâneas, especificamente na Bolívia. Deixo ao leitor ou leitora a tarefa de ter paciência com minhas observações nas próximas páginas, mas com a certeza de que lerá Evo falando de si mesmo, não de forma pontual, mas com afeto e memória.

Além disso, a entrevista presente neste livro permitirá ao leitor/a identificar a ampla capacidade que Evo possui de mobilizar apoios populares, de modo que sua palavra é ouvida como a de um sábio entre os sindicatos e movimentos sociais, apesar das fortes críticas operadas pelos setores ricos e mais urbanizados daquele país. Evo Morales é um aglutinador, capaz de produzir união entre diferentes segmentos de esquerda e progressistas da Bolívia. Talvez possamos denominar essa característica como "evismo", isto é, a capacidade que Evo tem de simbolizar e justapor tendências progressistas-humanistas em seu país e fora dele. Como o dissemos, há no nosso livro dados biográficos narrados e vivenciados pelo próprio Evo, desde sua infância, como o amor pelo futebol, a alimentação e condições de moradia, a pobreza e a origem indígena, as brincadeiras prediletas, como era sua casa e as humilhações que a hegemonia cultural eurocêntrica e colonial impunham sobre aos povos originários da Bolívia, especialmente na região do Trópico. Comentou que

APRESENTAÇÃO

no passado muitos indígenas analfabetos ou com baixa escolaridade não sabiam a própria idade, pois não eram considerados cidadãos e era vedada a aquisição de documentos, impossibilitando-os de ter conhecimento dessa informação. Para os pesquisadores interessados sobre aspectos da infância de Evo, sugiro a leitura das primeiras páginas da entrevista, certamente é um material muito enriquecedor que permite compreender os aspectos conflituosos que permearam sua juventude, e certamente possuem afinidades eletivas com sua importante luta contra o imperialismo norte-americano em seu país.

Evo ainda nos deu interessantes relatos de sua amizade com o presidente Lula. Chegou a mostrar uma breve decepção a respeito da falta de contato durante o exílio a partir do final do ano de 2019 no México e depois na Argentina. Recordei que Lula esteve preso e liberado ao menos três dias antes do golpe na Bolívia, em função das operações do ex-juiz Sérgio Moro. Evo pareceu compreender a situação, com certo ar de alívio em sua face. Perguntei e solicitei a ele, ainda, detalhes sobre o processo de estatização da Petrobrás durante o seu primeiro mandato no ano de 2006. Ele forneceu uma série de descrições dos bastidores diplomáticos sobre o ocorrido, exaltando a necessidade de nacionalizar as riquezas nacionais, permitir a distribuição de renda com a intenção de reduzir as desigualdades sociais e lutar contra o histórico colonialismo aplicado sobre a América Latina. Referiu-se às sucessivas tentativas frustradas de avisar previamente Lula sobre a nacionalização, então também no primeiro mandato. Ainda falamos sobre um paletó bonito com detalhes tradicionais indígenas presenteado a Lula e as sucessivas aparições públicas com a vestimenta.

Questionado sobre o até então ainda vigente governo de Bolsonaro, procurou poupar palavras, sendo o Evo de poucas palavras narrado por Alfredo Serrano, apesar de Bolsonaro ter-se manifestado contra o seu governo nos seus anos de mandato de presidente do Brasil (2019 – 2022). Sua economia de comentários sobre Bolsonaro deveu-se ao fato do Brasil ser um estratégico e importante parceiro comercial da Bolívia, de fato o maior comprador de gás natural de seu país. Evo pareceu não querer se comprometer com críticas, apesar de que durante a entrevista ilustrou de forma sutil a participação do governo brasileiro, à época, quanto à possível conspiração a favor do golpe que o derrubou em novembro de 2019. Caberia aqui mencionar que inúmeras fontes documentais e jornalísticas dão conta de que Ernesto Araújo, então ministro das Relações Exteriores do governo Bolsonaro, teria participado ativamente no processo de golpe, conforme exporemos mais adiante.

Mais um aspecto marcante de nossa entrevista diz respeito sobre o que Evo julgou ser os seus maiores legados ao povo boliviano durante os seus três mandatos, entre 2006 e 2019. Revelou o caráter anti-imperialista de seu governo, a necessidade de nacionalizar as riquezas e empresas antes privadas de setores estratégicos (energia, telecomunicações, distribuição de água e mais recentemente o lítio); comentou sobre seus feitos nas áreas da saúde com o apoio de Cuba e seus médicos, programas de incentivo financeiro às famílias com filhos na escola, a redução drástica do analfabetismo e melhores

APRESENTAÇÃO

condições de vida aos povos originários de seu país. Durante toda a entrevista e em diferentes momentos relatou os preconceitos e espécie de racismo estrutural contra os indígenas e a luta por dar protagonismo a eles. Evo Morales ainda comentou sobre a importância de ter promovido a aprovação de uma nova Constituição, que garantiu as profundas transformações econômicas aos segmentos excluídos. Segundo Evo, diferentes referendos, eleições e mecanismos constitucionais de consulta pública demonstraram a aprovação do povo boliviano aos seus mandatos presidenciais. Fez questão de citar os números de sua aprovação e reeleições, a fim de dar legitimidade às suas respostas. Mais adiante apresentaremos esses números.

Outra temática relevante da entrevista está concentrada nos relatos de Evo sobre a perseguição política a sua pessoa, desde sua juventude. Há relatos de como ingressou na política, sua luta junto aos sindicatos relacionados aos interesses dos indígenas e camponeses, seu mandato de deputado, as diferentes campanhas presidenciais. Relata como os movimentos sociais o apoiaram com vigor em manifestações, contra ameaças de morte e tentativas de golpe, exercendo apoio e resistência contra a violência policial, inclusive. Por fim, Evo revela os momentos de tensão que acompanharam a deflagração do golpe de Estado em 2019, como se escondeu e como lhe foi possível fugir da Bolívia, quando era perseguido por forças conservadoras e reacionárias.

O material presente neste livro é um importante documento histórico que enfatiza uma narrativa da vida e do governo de Evo a partir dele mesmo. É bem certo que

pesquisadores encontrarão nesse notável material aspectos iné-
ditos e aprofundados a respeito do golpe sofrido por Evo em
2019. Este livro diferencia-se de outras obras relevantes sobre
o tema devido ao fato de ser narrado em primeira pessoa e com
riqueza de detalhes que apenas atores políticos, como Evo, seriam capazes de descrever nos seus pormenores. A seguir e
antes das páginas que correspondem à entrevista propriamente dita, exporemos o contexto social, institucional, político e
econômico que foram responsáveis pela deflagração do golpe.
Primeiro contextualizarei os ocorridos e o cenário econômico, político e social. Depois, será possível ler a entrevista na
íntegra, ainda que alguns trechos das falas de Evo não tenham
sido decifrados (serão indicados) sequer por Jobana, boliviana,
tradutora e responsável pela transcrição da entrevista.

CAPÍTULO 02

DEPENDÊNCIA E NEOLIBERALISMO NA AMÉRICA LATINA

O processo de descolonização da América Latina iniciou-se no século XIX, caracterizando-se pelo rompimento apenas formal de vínculos políticos com as metrópoles europeias, Portugal (apenas para o caso brasileiro) e Espanha (para a maioria dos demais países da região). A grande crítica a esse processo refere-se ao fato de ter se tratado apenas de uma independência política, jamais econômica. No entanto, ainda que se conceba a independência do ponto de vista político, há nitidamente a permanência da subjugação dos países da América Latina ao crivo do domínio colonial, de forma que os regimes políticos e a maioria de políticos eleitos eram, nada mais nada menos, representantes não do povo, mas dos interesses europeus e, após a 2ª Guerra Mundial (1939 – 1945), principalmente, dos interesses dos EUA. Vale destacar que os interesses norte-americanos na região remontam à chamada Doutrina Monroe, criada em 1823 pelo então presidente dos EUA James Monroe. Contemporânea ao processo de descolonização política do restante da América e sob o lema "A América para os Americanos", a Doutrina Monroe, desde o início, objetivava impedir o processo de recolonização — seja político, econômico ou cultural — dos europeus sobre o continente americano, estabelecendo no seu lugar o imperialismo norte-americano. Surgiu com a intenção de expandir terras ao Oeste e mais ao Sul, no mar do caribe. No século XX, seus fundamentos foram aprimorados com a intenção de impor o domínio dos EUA sobre todo o continente.

Não seria fortuito relacionar os golpes militares na América Latina no século XX ao contexto da Guerra Fria (1945 – 1991) e à sofisticação da Doutrina Monroe. Sob o argumento de evitar a expansão do socialismo, os EUA financiaram, incentivaram, supervisionaram, treinaram e deram apoio logístico aos golpes de Estado violentos promovidos por militares apoiados pelas elites econômicas no Brasil (1964), Bolívia (1964, 1970, 1971 e 1980), Equador (1972), Uruguai (1973), Chile (1973), Argentina (1976)...

A exploração como vocação da América Latina, do período colonial até hoje, fez com que na década de 1960 o sociólogo alemão André Gunder Frank, na obra *Capitalismo y Subdesarrollo en America Latina* (1965), elaborasse a concepção de teoria da dependência, importante conceito que norteou visões conformistas e críticas de intelectuais latino-americanos, conforme veremos adiante. Trata-se da vocação marginal

DEPENDÊNCIA E NEOLIBERALISMO NA AMÉRICA LATINA

da região, sua condição de colônia e periferia do capitalismo, fornecedora de matéria-prima e mão de obra baratas em direção às metrópoles, enriquecendo-as. A teoria da dependência se caracteriza pela oposição entre países "centrais" (hegemônicos economicamente) e "periféricos" (subalternos). Cria-se a dependência no interior do capitalismo a partir da relação em que as metrópoles acumulam capital e os demais países são meramente dependentes da exportação de produtos agrários e de matéria-prima sem valor agregado. Na visão de Gunder, que é de certa forma compartilhada por outros três grandes intelectuais latino-americanos (Ruy Mauro Marini, Theotônio dos Santos e Vania Bambirra), essa relação é estrutural, impedindo necessariamente o desenvolvimento dos países pobres e dependentes. Nessa perspectiva, apenas o fim do capitalismo poria fim à dependência e permitiria o desenvolvimento das demais nações. Essa vertente da teoria da dependência é conhecida como radical (*vertente radical*), pois avalia a possibilidade de superação do capitalismo e superação da própria dependência.

A teoria da dependência produziu na América Latina duas visões estruturais bem distintas a respeito do possível ou não desenvolvimento da região na década de 1970. Diante do desenvolvimento industrial e urbano iniciado após a década de 1930 e intensificado após a 2ª Guerra Mundial, intelectuais latino-americanos, muitos dos quais autointitulados marxistas e que acabaram sendo conhecidos como *corrente eclética da teoria da dependência*, se debruçaram sobre a teoria, porém reformulando-a. Surgiram duas posições opostas sobre a teoria da dependência. De um lado, um tom conformista e de adaptação

41

mais otimista dessa construção teórica (os chamados *ecléticos*), como é o caso de seu predomínio na Comissão Econômica para a América Latina (CEPAL), fundada em 1948, mas que ganhou maior vigor nas décadas de 1960 e 1970. Fernando Henrique Cardoso (FHC) e Enzo Faletto são dois intelectuais que notadamente compactuam com essa visão conformista na obra *Dependência e desenvolvimento na América Latina*, publicada em 1967. De outro lado, criou-se uma postura mais crítica (*os radicais*), geralmente angariada pelas posições de esquerda e que visam romper com a dependência da América Latina em relação às metrópoles capitalistas. O livro *Veias abertas da América Latina*, de Eduardo Galeano, publicado em 1971, talvez seja a obra de maior impacto sob tal perspectiva criticista e racial.

Vejamos a seguir as características dessas duas posturas, a eclética e a radical, e por quais motivos são importantes para a compreensão das administrações públicas no final do século XX e início do XXI, após o período que correspondeu aos regimes militares na América Latina.

FHC e Faletto buscaram uma alternativa "eclética" em relação à teoria original da dependência elaborada por Gunder Frank, rompendo com uma leitura causal e determinista entre dependência e desenvolvimento que concebia a impossibilidade de aliança entre capital e trabalho para a promoção do desenvolvimento. A alternativa buscada por Faletto e FHC diz respeito ao que denominaram como "desenvolvimento dependente e associado". Trata-se da ideia na qual é possível alcançar o desenvolvimento na América Latina a partir das diretrizes impostas e lideradas pelos chamados países centrais ou ricos, ainda que mantendo o caráter dependente e subalterno. Isso significa dizer que, na visão desses autores, diante do progresso material causado pela expansão e modernização da indústria, urbanização e constituição das classes sociais, seria possível, apesar da dependência e mesmo dos regimes militares vigentes durante a Guerra Fria, angariar por meio de um Estado interventor um crescimento econômico capaz de reduzir desigualdades sociais.

A crítica elaborada a essa teoria gira em torno do fato de ela parecer ser conformista, ou seja, caberia à América Latina se adaptar às transformações econômicas das potências mundiais de forma dependente para que o desenvolvimento fosse possível. Outro elemento crítico diz respeito à certa relativização do período histórico tomado por ditaduras violentas nas décadas de 1960 e 1970, que contrariavam os direitos humanos. Ainda que Faletto e FHC sejam críticos aos regimes militares, não deixaram de observar uma oportunidade de desenvolvimento em meio à maré de ditaduras na região.

FHC foi presidente da República do Brasil entre os anos de 1995-2002. São elaboradas críticas quando se compara o sociólogo e o presidente em relação à teoria da dependência. Como sociólogo e em seu livro escrito ao lado de Faletto, FHC defendeu o Estado interventor de cunho desenvolvimentista, ou seja, o Estado como principal agente do processo de crescimento econômico, típica posição dos países capitalistas e burgueses durante o período de Guerra Fria, a fim de que houvesse políticas de bem-estar social (saúde, educação, moradia, direitos trabalhistas) conciliadas com os interesses burgueses. Países capitalistas, no entanto, procuravam como resultado a inibição de qualquer possibilidade de expansão do ideário socialista difundido pela URSS, por meio de benefícios ao proletariado. Assim, o Estado desenvolvimentista ou keynesiano, ou seja, interventor, era visto como um "mal necessário" pelos países capitalistas durante o período de tensões com a Rússia.

Quando eleito presidente, FHC adotou práticas consideradas neoliberais, opostas ao keynesianismo. O contexto histórico beneficiava uma mudança de eixo econômico, porém sem perder a essência da dependência. Se durante a Guerra Fria as colônias conformavam-se e imitavam o sistema interventor estatal das metrópoles e, depois, com o colapso soviético e o fim dos regimes militares, passaram esses países periféricos do capitalismo a direcionar seus governos ao Estado mínimo, com privatizações e redução ou anulação das políticas de bem-estar social, adaptando-se ao neoliberalismo e à globalização, ainda assim FHC manteve-se fiel à noção de que a América Latina, em especial o Brasil, apenas se desenvolveriam à margem e segundo as diretrizes impostas pelos países desenvolvidos, conformando-se ao imperialismo.

A teoria da dependência de FHC e Faletto obteve sobrevida e respaldo em diferentes governos latino-americanos na década de 1990 e mesmo nos meios acadêmicos, porém com mudança de eixo econômico: do intervencionismo estatal ao Estado mínimo. Manteve-se a dependência apesar da mudança de doutrina econômica capitalista. Outros elementos contribuíram para a manutenção da condição subalterna ou de dependência da América Latina, agora sob o viés neoliberal e no contexto da globalização. O gradual fim das ditaduras a partir da década de 1980 relacionava-se com as já escassas ameaças soviéticas no continente, permitindo que as classes dominantes burguesas clamassem por democracia e pelo desenvolvimento operado pelo protagonismo da livre economia e do mercado privado. Essas mudanças, ainda que deixassem a estrutura da teoria da dependência intacta, ou seja, a América Latina apenas se desenvolveria à mercê das imposições de países imperialistas e desenvolvidos, parece ter sido reforçada pelo conhecido Consenso de Washington, assinado em 1989.

O referido consenso estabelece a hegemonia e comando de instituições financeiras mundiais – Banco Intermaericano de Desenvolvimento (BID), Banco Mundial e Fundo Monetário Internacional (FMI) – ao lado do Departamento do Tesouro dos EUA sobre a América Latina. As suas medidas representavam a liquidação do Estado interventor por meio de privatizações de empresas, redução de gastos públicos na área social, reformas trabalhistas e previdenciárias, dentre outras medidas em nome do controle da inflação e estabilização da moeda. Contudo, conforme veremos, houve a acentuação das desigualdades econômicas e sociais na região.

A teoria da dependência de Gunder Frank influenciou posturas mais críticas marxistas que destoam das análises de FHC e Faletto. O consagrado livro de Eduardo Galeano, *Veias abertas da América Latina* (1971), observa o caráter dependente e periférico de nossa região, condenada aos mecanismos de espoliação, extrativismo e pilhagem de riquezas naturais e de produtos primários voltados à exportação, desde o período colonial no século XV com as chamadas "descobertas" (melhor dizendo, invasões) europeias. O desenvolvimento da América Latina permanece dependente dos ciclos de valorização e desvalorização das matérias-primas, situando-se na condição de oscilações drásticas no valor das *commodities* que impedem o crescimento e fortalecem os laços de dependência econômica. Nesse sentido, a riqueza é confiscada e direcionada às metrópoles, de modo a acentuar as desigualdades. Expropriações de terras de povos indígenas, a dívida externa, processos inflacionários e de desindustrialização reforçam o caráter dependente latino-americano. As condições de trabalho, no passado a escravidão e o servilismo; no século XX, a mão de obra mal remunerada, a falta de empregos e o subemprego, são avaliadas como fontes de riqueza dos colonizadores.

Veias abertas realiza uma análise crítica dos golpes de Estado e da utilização das embaixadas dos EUA como "QGs" voltados à promoção de governos violentos moldados aos interesses imperialistas. Galeano refere-se ainda às resistências dos povos tradicionais e à possibilidade de um projeto socialista alternativo, destoando do comportamento conformista relacionado ao desenvolvimento dependente e associado narrado por FHC e Faletto, que muito norteou os governos da região na década de 1990.

Galeano nega também a vertente na qual o desenvolvimento da América Latina deva estar necessariamente atrelado à industrialização liderada pela burguesia nacional e dependente. Sequer defende o intervencionismo e regulação

DEPENDÊNCIA E NEOLIBERALISMO NA AMÉRICA LATINA

estatal sobre a economia. Questiona se a burguesia local teria competência e capacidade para promover algum projeto de interesse coletivo. Suas concepções, muito influenciadas pela Revolução Cubana (1959), não visavam o desenvolvimento capitalista como uma etapa intermediária para a promoção futura do socialismo, senão desejavam uma interrupção do domínio capitalista e uma transição em direção ao socialismo. Trata-se de romper com a dependência e não buscar qualquer tipo de desenvolvimento a partir dela, como fizeram FHC e Faletto. Galeano enfatiza as lutas populares na região por meio do resgate das culturas originárias como alternativa para um novo mundo capaz de eliminar as desigualdades sociais. A história dos vencedores burgueses tem como base a tentativa de apagar a memória dos explorados e dos derrotados, fazendo com que os oprimidos se esqueçam de suas lutas. Veias abertas resgata o histórico de exploração e as revoltas das populações indígenas e africanas na América Latina como fonte de inspiração para uma organização futura e socialista.

Eduardo Galeano aponta para a necessidade de integração regional, resgatando o projeto inacabado de Simón Bolívar (1783 – 1830). Propõe uma sociedade fundada na igualdade, justiça e democracia, confeccionada com bases socialistas. Da dependência à resistência democrática-revolucionária, esse parece ser o trajeto do pensamento de Galeano e que acabou por influenciar reformulações de tendências de esquerda na região que chegaram democraticamente ao poder a partir do início do século XXI.

A teoria da dependência associada de FHC e Faletto possui afinidades eletivas e foi uma estrela guia aos governos neoliberais que se instalaram na década de 1990 na América Latina. É bem certo dizer que o laboratório foi o Chile, que desde o golpe militar de Augusto Pinochet em 1973 produziu a contradição entre repressão política e liberdade econômica. Os dois mandatos de Carlos Menem (1989 – 1999) na Argentina e de FHC no Brasil (1995 – 2002) foram os mais apologéticos do modelo neoliberal.

No entanto, o crescimento esperado não vingou, visto que contradições sociais se acentuaram com o neoliberalismo. As promessas de um mundo globalizado e fundamentado na desregulação econômica dos Estados não se cumpriram. O neoliberalismo concebe a falsa ideia de um Estado mínimo. Falsa ideia pelo motivo de ser mínimo para o povo e máximo às elites dominantes nacionais e internacionais. Em seu interessante ensaio intitulado *A Globalização foi longe demais?* (1997), o economista Dani Rodrik aponta que as políticas liberalizantes trouxeram tensões que promoveram o risco de desintegração interna, como a falta de condições salariais adequadas, moradia e alimentação das nações, além do crescimento do PIB latino-americano ter sido irrelevante ou capaz de extirpar velhos problemas sociais.

Não há dúvidas de que o projeto falido neoliberal na América Latina permitiu a reformulação dos ideários de esquerda após o fim do socialismo real soviético, igualmente fracassado, seja pela violência, seja pela ampla burocracia estatal e crises econômicas que se defrontou na década de 1970, con-

DEPENDÊNCIA E NEOLIBERALISMO NA AMÉRICA LATINA

duzindo-o ao seu colapso em 1991. Nesse caso, as reflexões de Eduardo Galeano servem de inspiração, estrela guia ou ao menos possuem afinidades eletivas com as propostas elaboradas pelas sociais-democracias e demais partidos de esquerda emergentes em fins do século XX e início do século XXI.

Capítulo 03

FASCISMO DO NEOLIBERALISMO; NEOLIBERALISMO DO FASCISMO

É importante realizar algumas breves digressões a respeito de como o neoliberalismo se constitui enquanto teoria filosófica grosseira e, materialmente, grande hipocrisia. Vale lembrar que os patronos ou ao menos os maiores expoentes do imaginário neoliberal são os austríacos Friedrich Hayek (1889 – 1992), Ludwig von Mises (1881 – 1973) e os norte-americanos Milton Friedman (1912 – 2006) e Francis Fukuyama (1952 –), que escreveram respectivamente as seguintes obras: *Caminho da Servidão* (1944); *Ação Humana: Um tratado de Economia* (1940); *Capitalismo e Liberdade* (1962); *O Fim da História e o Último Homem* (1992).

Os quatro ideólogos do neoliberalismo são contestadores do socialismo da URSS (o socialismo real) e do sistema capitalista keynesiano aplicado na maioria dos países burgueses após a Crise de 1929 e principalmente durante a Guerra Fria. Criticavam os elevados gastos sociais de ambos os sistemas e a concepção de que seriam regimes economicamente insustentáveis devido aos altos custos sociais, controle estatal sobre a economia e, no caso específico do socialismo, o cerceamento das liberdades individuais econômicas e políticas. Hayek, Mises e Friedman acabaram por influenciar as posturas econômicas adotadas por Margaret Thatcher na Inglaterra, primeira-ministra entre os anos de 1979 a 1990, Ronald Reagan, presidente dos EUA entre 1981 a 1989 e, antes disso, os economistas chilenos formados na Escola de Chicago por Friedman (os chamados chicago boys) que atuaram no governo de Pinochet a partir do golpe militar de 1973. Um outro aluno de Friedman foi o ministro da Economia de Jair Bolsonaro, Paulo Guedes, nos anos de 2019 a 2023.

Fukuyama, por sua vez, destacou-se no final do século XX ao refletir sobre a noção de que quem venceu a luta de classes não foi o proletariado, e sim a burguesia e a maior prova disso teria sido o definitivo colapso da URSS em 1991, demarcando igualmente o fim do socialismo real e o início do que depois convencionou-se designar como "Nova Ordem Mundial", combinação entre a difusão da globalização e do neoliberalismo pelo mundo, assim como a derrocada não somente do socialismo, mas dos Estados burgueses interventores na economia, o chamado keynesianismo. Na contracorrente do pensamento considerado coerente, Fukuyama, um ideólogo neoliberal, idolatrava dois conceitos muitos criticados no interior da filosofia: "o fim da história" e o "último homem", termos empregados no título de seu livro e originalmente criados pelos filósofos alemães Georg Wilhelm Friedrich Hegel (1970 – 1831) e Friedrich Wilhelm Nietzsche (1844 – 1900). Adiante, veremos o conteúdo polêmico, problemático e profundamente tosco dessas concepções, ainda assim tomadas por Fukuyama sob uma perspectiva otimista de final de século, em que piamente acreditava que com a vitória da burguesia, do livre mercado e o ocaso da URSS haveria condições para a redução da desigualdade social por meio da livre-iniciativa, livre concorrência e competitividade. Ainda, Fukuyama, um ano após o fim da URSS, concebia a tendência dos mercados mundiais de se interconectarem com a utilização de novos recursos comunicacionais (como veio a ocorrer de fato no futuro próximo com a internet, os celulares, antes fax e bips), criando novas oportunidades de negócios e trabalho e, por fim, extirpando as desigualdades sociais. Concebia o rápido aprimoramento dos regimes democráticos e a defesa das liberdades políticas, sobretudo a liberdade de expressão e de participação política, sendo reforçadas também com as novas tecnologias de informação. Fukuyama, em seu livro *O Fim da história e o último homem*, avaliava um cenário idílico no qual os grandes males da humanidade, além do socialismo, seriam definitivamente superados pelo livre mercado, conduzindo a civilização a uma nova era.

Ideias como essas também favoreceram a expansão do ideário neoliberal mundo afora, de modo que obras de Hayek, Mises, Friedman e Fukuyama se tornaram livros de cabeceira de economistas e de governos que supunham que o Estado mínimo seria o paraíso da Terra. Em comum, atores políticos (Reagan e Thatcher) e teóricos citados acima vislumbravam a defesa do individualismo como sendo natural ao ser humano, de forma que os liberalismos econômico e político são considerados compatíveis com essa noção de natureza humana. A competitividade, o egoísmo e o desejo de sobreposição de um sujeito sobre o outro, assim como o direito à propriedade privada, são vistos como elementos inerentes ao ser humano e, portanto, anteriores à formação dos sujeitos em sociedade. Na realidade, a sociedade deve ser um reflexo dessa natureza. Ao afirmar uma natureza prévia às relações sociais e os elementos individualistas que a compõem, surgem as diversas críticas ao imaginário e ideário liberal. Vejamos cada um dos argumentos em detalhes e as respectivas críticas possíveis ao liberalismo.

Hayek, Mises, Friedman e Fukuyama resgatam os princípios de defesa da propriedade privada de John Locke (1632 – 1704), pai do liberalismo político, e da natureza humana competitiva descrita por Adam Smith (1723 – 1790), pai do liberalismo econômico. O ponto crítico das duas teorias é pressupor a existência de uma natureza humana que impele os indivíduos a adotarem determinados comportamentos competitivos. Karl Marx, em seus *Manuscritos econômicos-filosóficos* (1844, porém publicado postumamente em 1932), produziu uma severa crítica aos princípios liberais nos quais a competitividade e a propriedade privada são vistas como inerentes à natureza humana. Marx considera grande equívoco conceber a existência de traços comportamentais naturais, sendo eles, na verdade, construídos socialmente.

FASCISMO DO NEOLIBERALISMO; NEOLIBERALISMO DO FASCISMO

Dessa forma, o liberal que defende o direito à propriedade privada, conforme aponta Locke no seu *Dois Tratados do Governo Civil* (1689), pressupõe que o que se entende como direito não é um atributo humano, senão natural e irrevogável, e por isso não pode ser usurpado por quem quer que seja. Nessa perspectiva, direitos naturais, como a propriedade, a liberdade e a igualdade, são vistos como anteriores ao surgimento da sociedade, das leis fabricadas pelos indivíduos, isto é, anteriores aos governos ou a qualquer forma de sociabilidade. O direito precede à sociedade. Locke estabelece a propriedade privada como direito natural, sendo a propriedade que cada um possui sobre seu próprio corpo intransponível e inalienável. Como consequência, e sendo essa posse um direito, tudo aquilo que é empregado para garantir a sobrevivência desse corpo (a terra onde se trabalha ou a casa onde se vive) automaticamente passa a ser considerado uma extensão desse corpo e, portanto, igualmente um direito natural. É por esse argumento filosófico que os liberais tendem a demonstrar a propriedade privada como um direito natural irrefutável, sua existência não se deve à sociedade, pois lhe é anterior e é a partir desse princípio individualista que a sociedade se forma, isto é, da natureza rumo às construções sociais.

Na visão marxista, desenvolvida a partir do século XIX, tomar a propriedade privada como direito natural é um processo de negação do princípio segundo o qual todas as instituições sociais e as subjetividades individuais são resultado das relações materiais–econômicas, ou seja, da forma como o trabalho está organizado e a natureza (o mundo físico) é manipulada. São construções sociais, o que significa dizer que as condições materiais formam a consciência e as instituições, de modo que elas jamais são inatas ou naturais. Sequer o direito é natural, ele é sempre social.

Locke, em outra obra, *O ensaio sobre o entendimento humano* (1689), contraditoriamente, é um autor empirista, corrente que enfatiza a noção de que as ideias são resultados das experiências sensoriais (mas não sociais), ou seja, as ideias como quente, frio, áspero e liso não nascem conosco, formam-se a partir da experiência sensível e das influências externas presente no mundo. No entanto, nas suas reflexões políticas, Locke toma o sentido inverso, crendo que a propriedade privada é um direito natural, ainda que seja fruto da experiência de cada indivíduo com o próprio corpo, isto é, a origem da propriedade se dá de forma individual com o trabalho e a necessidade de manter o corpo vivo (com o local onde se vive e o lugar onde se tira o sustento). Locke apresenta uma dimensão na qual o indivíduo basta por si mesmo e não existe a partir do trabalho social. A propriedade é natural e as dimensões sociais não são a causa dessa mesma propriedade, ao contrário, ela dá origem à sociedade por meio de indivíduos que alcançam um acordo para construir a sociedade e defender os direitos naturais.

Karl Marx (1818 – 1883), na contramão de Locke, elabora o seu materialismo histórico-dialético ao observar que a origem da consciência dos indivíduos e dos seus atributos comportamentais, visões de mundo, a forma como as instituições são organizadas, enfim, o que na obra *O Capital* (1867) será definido como *superestrutura*, é reflexo das condições materiais, de suas relações sociais intermediadas por meio do trabalho, elementos esses nomeados também como *infraestrutura* (como o trabalho está organizado e a natureza é manipulada). Trata-se de um processo dialético ou contraditório no qual o indivíduo não incorpora de forma determinista e mecânica (relação de causa e efeito) as construções sociais. A infraestrutura ou a base econômica cria relações sociais de trabalho e manipulação sobre a natureza que acabam por influenciar as consciências, a origem de certas ideias e os comportamentos humanos. Em Marx, não há natureza humana, nem direito natural ou algo inato ao ser humano. Por ser uma relação dialética entre o mundo material e a subjetividade dos sujeitos, o pensamento marxista pressupõe que o sujeito é primeiro produto da história (do mundo em que vive), depois torna-se seu produtor, num processo incessante de retroalimentação. O sujeito é construído por sua sociedade, mas também a constrói. O ponto de partida que origina o modo como nos comportamos, pensamos ou qualquer outro atributo humano, como a propriedade privada, o individualismo, a riqueza ou a pobreza, quem é burguês ou proletariado, não está em nenhuma entidade ou fundamento abstrato como Deus ou a natureza humana. Sua origem são as relações sociais a partir de suas bases econômicas materiais ou simplesmente históricas.

Locke, portanto, nega que apenas existe a propriedade privada ou a posse privada de domínios de terra devido à apropriação do trabalho coletivo (construído socialmente), dando origem a usurpação de pedaços de terra e dos esforços e riquezas produzidas em conjunto pelos trabalhadores. Já Marx relaciona a defesa da propriedade privada como se fosse um direito natural à alienação do pensamento, isto é, quando os indivíduos atribuem suas criações coletivas a categorias alheias às relações sociais, como entidades divinas ou a natureza humana. Atribuir a propriedade privada à natureza humana ou ao direito natural é alienante, pois associa o que é construção humana social à categorias alheias à própria humanidade. Aqui reside a crítica marxista à propriedade privada como suposto direito natural.

É curioso que esse princípio liberal de Locke, do século XVIII, seguiu como fundamento aos patronos do neoliberalismo no século XX. Tomam como natural o que é social, de forma que sugerir que a propriedade privada é natural é um argumento empobrecedor que fortalece a visão burguesa em torno da meritocracia e do trabalho individual, quando na verdade as grandes propriedades privadas são o resultado da usurpação de terras, falsificação de títulos e grilagem, onde antes predominavam relações comunais de produção e repartição coletiva do que era produzido. A hipocrisia do argumento lockeano é tamanha que, por exemplo, ele mesmo defendia a manutenção da escravidão nas colônias da América, o que se apresenta como contradição ao seu argumento à propriedade privada, pois se assim o fosse, os povos indígenas até hoje deveriam ser considerados os legítimos proprietários das terras onde historicamente vivem e viveram, onde obtinham condições de manutenção de seus corpos. Resumindo, Locke defenda a liberdade aos europeus e a escravidão nas colônias da América. Na América Latina, a elite rural caracteriza-se pela usurpação das terras indígenas desde a colonização mercantilista até hoje, promovendo sérios conflitos violentos em nome da expansão de parte considerável do que hoje designamos como agronegócio. Na América andina pré-colombiana muitas terras eram de uso coletivo, posto que as dimensões que relacionavam a produção e o consumo possuíam conexões com o sagrado, sendo a Mãe Terra uma divindade que provê a fertilidade e as condições de existência.

Muito se discute hoje se os indígenas deveriam ou não ser convencidos de que suas terras seriam mais lucrativas caso direcionadas às atividades de mineração ou produção agrícola predatória contra a mata ou florestas nativas. Mesmo parte dos ambientalistas não-indígenas, ainda que tenham boas intenções ao criticarem o desmatamento e ao buscarem preservar a floresta ou terras tradicionais a partir do desenvolvimento sustentável e exploração da biotecnologia ou do turismo, acabam tendo um fundamento mais econômico do que um pleno entendimento das construções da mentalidade indígena. Entre os povos originários, a floresta é vista como equivalente a um altar sagrado, onde estão os espíritos dos ancestrais e as forças da natureza que garantem a sobrevivência desses povos e de toda a humanidade. Ainda que esta visão possa parecer idealista ou mística, é preciso mencionar a necessidade de se respeitar o ponto de vista que as sociedades indígenas possuem de suas terras, tal como seria uma blasfêmia e falta de bom senso impor aos judeus ou cristãos o desejo de construir à revelia dessas crenças um shopping center utilizando o Muro das Lamentações em Jerusalém ou abrindo uma filial de um restaurante fast-food dentro da Capela Sistina.

O que se percebe é que o direito à propriedade privada é um valor eurocêntrico e abstrato. Eurocêntrico pelo fato de que a visão de mundo liberal baseada no trabalho e propriedade privada sobre a terra se sustenta a partir do ponto de vista etnocêntrico do europeu, desconsiderando outras formas de organização do trabalho e manipulação da natureza, como fazem os indígenas, por exemplo. É também abstrata pelo fato de pressupor que o direito à propriedade privada advém da natureza por si só e não do trabalho coletivo.

Vimos como o argumento da propriedade privada como um elemento natural (direito natural) é fraco ou grosseiro. Porém, é necessário considerar que "o estrago está amplamente posto" no mundo ocidental, há centenas de milhares de indivíduos que possuem suas casas e terrenos, ainda que não sejam ricos ou exploradores. No entanto, é preciso saber distinguir a pequena e média propriedades das grandes propriedades. Um dos grandes aprendizados dos movimentos de esquerda contemporâneos e críticos do socialismo real é o de reconhecer, enquanto direito social e não natural, a possibilidade de indivíduos possuírem casas, apartamentos e espaços de terra suficientes para produzir para o consumo e para a aquisição de recursos financeiros para aquisição de outros bens. A propriedade privada passa a estar atrelada à dignidade dos indivíduos para a promoção de seu bem-estar e, de fato, parece não haver grandes dilemas e problemas quando a aquisição desses bens são resultados de longos anos de trabalho árduo, poupança feita a conta-gotas e não da exploração do trabalho alheio e em massa operada tipicamente pela classe dominante.

FASCISMO DO NEOLIBERALISMO; NEOLIBERALISMO DO FASCISMO

A burguesia e as elites rurais, por sua vez, além de terem a propriedade privada como fundamento natural, esquecem-se que seus volumosos bens (terras maiores que cidades inteiras, muitas delas usurpadas de povos tradicionais, suas fábricas cujo valor supera a perder de vista o valor da força de trabalho paga a todos os seus trabalhadores empregados), são obtidos a partir da expropriação da riqueza produzida socialmente pelos trabalhadores, que são mal ou injustamente remunerados. O lucro dos grandes capitalistas não surge das simples relações de compra e venda de mercadorias, senão da exploração da força de trabalho, fenômeno este denominado por Marx como sendo a mais-valia ou mais-valor. À medida que o capital e o lucro se ampliam nas mãos das classes economicamente dominantes a partir da exploração da força de trabalho, esses recursos são convertidos em propriedade privada, sejam casas e apartamentos ostentosos ou domínios rurais cujas dimensões, perímetros e raios passam a ser de extensões megalomaníacas. Diante disso, as novas esquerdas não propõem, como nas visões marxistas ortodoxas passadas, o fim da propriedade privada, mas a democratização do seu acesso por meio de reformas agrárias e urbanas, a fim de atender trabalhadores e segmentos excluídos da sociedade, criando políticas que limitem a quantidade ou elevem impostos daqueles que possuem mais riqueza para que haja fontes de recursos para financiar o acesso à propriedade pelos mais pobres. Conforme dissemos, trata-se de considerar a propriedade um direito social, não natural, agora resultado de conquistas e lutas políticas.

Quanto a Adam Smith, autor do livro considerado pilar das ideias econômicas burguesas, *A riqueza das nações* (1776), os ideólogos neoliberais do século passado e os de hoje tomam suas bases em defesa do individualismo e da não intervenção do Estado na economia. Embora os princípios sejam os mesmos quando comparamos o liberalismo clássico com o neoliberalismo, há alguns pontos que os diferenciam. O primeiro deles é o contexto histórico. Smith escrevia contra os monopólios estatais mercantilistas ainda presentes no século XVIII, defendendo no seu lugar a livre iniciativa, o livre mercado e a redução máxima de taxas e impostos a fim de incentivar o progresso material das sociedades. Avalia que quanto menos o Estado intervir na vida econômica, a mão invisível do mercado privado tornaria possível o processo de produção de mais riqueza, por meio da autorregulamentação dada através da lei da oferta e da procura. À medida que os indivíduos se voltam unicamente aos seus interesses privados, trabalham com primor em proveito próprio e tornam-se competitivos vendendo as mercadorias que produzem, teríamos como resultado indireto ou não planejado o benefício de todos aqueles que se dedicam a concorrer uns contra os outros e em outras atividades específicas de trabalho. Essa percepção vislumbra a noção de que quanto maior a liberdade econômica dos sujeitos, os empregos, salários, demandas de consumo e produção se auto ajustam.

O neoliberalismo, por sua vez, embora defenda esses mesmos princípios competitivos e da autorregulamentação econômica do mercado, foca sua crítica ao socialismo e ao Estado capitalista interventor, denominado como keynesiano, derivado das teorias econômicas de John Keynes (1883 – 1946) e que foi resposta eficaz à crise do liberalismo clássico a partir da Crise de 1929. Com a chamada "Nova Ordem Mundial", o neoliberalismo no final do século XX foi associado a um outro contexto histórico dominado pela globalização e pela popularização de novas tecnologias de informação, além da redução de direitos trabalhistas, privatizações, ou seja, a confecção do Estado mínimo. A crítica feita ao liberalismo e ao neoliberalismo perpassa pelo fato de que ambos consideram o indivíduo como principal responsável pelo seu sucesso ou fracasso econômico, de modo que saúde, educação, moradia, direitos trabalhistas, entre outros elementos necessários ao bem-estar, não devem ser atributos geridos pelos Estados. Devem ser conquistas pessoais, resultado do esforço e competência individual. Esse tipo de pensamento exime o Estado de promover gastos públicos que garantam a dignidade humana ou o bem coletivo e, no seu lugar, age em proveito de interesses das instituições financeiras e seus interesses particulares.

Outro aspecto relevante que diferencia o liberalismo do neoliberalismo é destacado pelo filósofo francês Michel Foucault (1926 – 1984) em dois de seus seminários, elaborados entre 1977 e 1979, intitulados *Segurança, território, população* e *Nascimento da biopolítica*. Esses dois seminários deram origem às reflexões mais recentes de Pierre Dardot e de Christian Laval presentes no livro *A nova razão do mundo*, publicado em 2013. A partir das críticas de Foucault ao neoliberalismo, há a constatação de que esse regime econômico estabelece nova racionalidade para o mundo. A questão central de Laval e Dardot é por qual motivo o neoliberalismo não ruiu com a crise econômica da bolha imobiliária norte-americana em 2008. Não se trata de mera continuidade do liberalismo clássico do século XVIII de Adam Smith. O neoliberalismo, segundo Foucault, deixou de ser um mero sistema econômico e passou a ser um sistema normativo que abrange todas as esferas sociais e comportamentos subjetivos dos indivíduos. Pode-se dizer que apesar da grave crise de 2008, o sistema neoliberal não ruiu definitivamente pelo fato de que ele não se reduzia à economia, está também presente no dia a dia e nas subjetividades dos indivíduos, tendo diversas ramificações comportamentais e institucionais. O neoliberalismo produz multiplicidade de processos heterogêneos e totalizadores, percorrendo desde os processos de gerenciamento educacional, os meios de comunicação, a competição entre simples indivíduos dentro e fora do mercado de trabalho, até atingir, inclusive, a forma como os governos lidam com seus governados. Tudo isso deu origem a uma nova racionalidade governamental do capitalismo contemporâneo, produzindo instituições sem sujeitos específicos, mas supranacionais, como FMI, Banco Mundial, *think tanks*, agências de risco, entre outras.

Os Estados passam a ser geridos como empresas, assim como a vida de cada sujeito. Estado-empresa; sujeito-empresa. O que importa são os resultados quantitativos econômicos, jamais a qualidade existencial. Os Estados passam a se desresponsabilizar e reduzir ou anular seus serviços sociais ou políticas de bem-estar social. Os indivíduos passam a internalizar as regras ou a falta delas no jogo neoliberal, vivenciando o risco, a responsabilização individual e jamais coletiva, o trabalho e uma vida flexíveis, à mercê das transformações abruptas do mercado, vistas simplesmente como normais. Adaptar-se a todo instante, viver para trabalhar e o trabalho flexibilizado invadindo o cotidiano com os novos meios de comunicação passaram a ser corriqueiros.

Porém, há outro detalhe que merece maior atenção sobre o neoliberalismo. Sua gestão. Conforme vimos, segundo Marx, a constituição da subjetividade é sempre social, resultado de como o trabalho é organizado e a natureza manipulada, de modo que a propriedade privada ou a competitividade não têm origem nem divina, nem natural. O trabalho e as relações sociais que o envolvem acabam por formar os comportamentos e subjetividades dos sujeitos, dialeticamente, como discutido.

O filósofo alemão Walter Benjamin (1892 – 1940) em suas *Teses sobre o conceito de História* (1940) e no conhecido *Livro das Passagens* (obra inacabada repleta de fragmentos e aforismos escritos ou coletados entre 1928 a 1940), e inspirado em Marx, indica que a origem do fascismo está na organização racional do trabalho burguês. Empresas e organizações estão longe de serem democráticas, mesmo hoje com as suas novas tecnologias e automação. As hierarquias são estabelecidas de forma não democrática, ou seja, obedece-se por medo de perder o emprego, há um sistema vertical de sujeição em que simplesmente cada trabalhador deve agir de forma compatível às ordens vindas de cima e a partir das quais seus desempenhos são avaliados. É raro que a escolha de diretores, gestores, líderes ou CEOs seja feita por meio de eleições, a não ser por relações que se assemelham às medievais, de suserania e vassalagem, geralmente estabelecidas por laços de amizade, familiaridade ou condições que revelam preconceitos de classe, gênero ou raça. O argumento benjaminiano, válido hoje também para o neoliberalismo, é o de que o trabalho burguês é alimentado por forte ética burocrática, racionalidade instrumental e jamais reflexiva ou crítica, coercitividade e repressão (moral e financeira) dos gestores e obediência cega aos deveres que estão longe de promoverem a inteligência, criatividade, espontaneidade e liberdade dos trabalhadores. A organização do trabalho racionalizado é a incubadora do fascismo por esse motivo. O chefe, CEO, gestor ou diretor passam a ser ovacionados como supremos líderes. Seus humores e diretrizes apenas podem ter como resposta o sim, jamais a crítica, a alternativa ou o desvio. Se as relações de trabalho acabam por constituir a subjetividade dos sujeitos e passam a influenciar todas as demais instituições e dimensões sociais, passa a ser evidente que os ambientes de trabalho caracterizados pela verticalização, obediência e coerção acabam por influenciar as demais visões de mundo dos indivíduos para além das relações de trabalho, incidindo inclusive sobre a política. Esse fenômeno explica, por exemplo, por qual motivo tantos indivíduos que, ainda que tenham frequentado boas escolas e universidades, ou que alguma vez tenham visto filmes sobre a emergência do nazifascismo, por exemplo, optaram pelo voto em Bolsonaro, Macri, Trump, apoiaram o *impeachment* de Dilma Rousseff, ou aderiram ao golpe contra Evo Morales na Bolívia, entre outras visões otimistas a gestos ou figuras antidemocráticas. A explicação estaria no fato de que o grau de alienação na esfera racional de trabalho, ou seja, a empresa ou organização, é tal e tamanha que a desumanização vivida pelo sujeito é refletida ou é projetada em suas preferências políticas, apostando em candidatos autoritários, estúpidos, ignorantes, intolerantes, num processo de autoidentificação com o repressor, primeiro o gestor, diretor, CEO ou coordenador, depois o seu político fascista predileto. Vale dizer que a crítica de Benjamin à normatização da violência fascista e ao nascente stalinismo tinha como origem a valorização da organização do trabalho racional burocratizado verticalmente como fonte de progresso à humanidade. Ainda que opostos, fascismo e stalinismo bebiam de uma mesma fonte, a racionalidade econômica presente na organização e submissão dos trabalhadores.

Além disso, devemos considerar que geralmente as classes médias ocupam os cargos de gestão tecnocrática, exercendo uma espécie de meio de campo entre os grandes proprietários capitalistas e demais funcionários subordinados e com salários menores (senão precários) nas organizações. A empregabilidade dotada de salários medianos e relativamente adequados atinge sobretudo a classe média, a qual, de submetida pelos proprietários ou acionistas, passa a submeter coercitivamente seus subordinados. Não é mera coincidência e nem mesmo surpreendente, portanto, a adesão em massa das classes médias aos candidatos com posturas autoritárias e com tendências fascistas.

O ambiente opressor da organização funciona, conforme apontamos, como incubadora fascista. Sem margem para muita reflexão, com trabalho flexível que ultrapassa as 8 horas diárias e que anula a vida privada, pouco se separa o tempo de trabalho do tempo de descanso; as ameaças, intolerâncias e vulgaridades pronunciadas pelos que estão em cargos hierárquicos superiores contra seus comandados, todos esses elementos alimentam as subjetividades daqueles que são seus "colaboradores", que se tornam, em seguida, cúmplices da ascensão de fascistas na política. O fascismo empresarial culmina no fascismo político. Apesar disso, dialeticamente, há aqueles trabalhadores que fogem desse sistema opressivo, questionando, ainda que pelas costas e atrás das cortinas ou nos bastidores, seus gestores e proprietários, tendo posições e preferências políticas mais progressistas e/ou à esquerda.

Nos resta ainda refletir sobre as posições de Fukuyama, mais um ideólogo do neoliberalismo, que julgava que o fim do socialismo real havia conduzido ao que considerava como "fim da história" e ao "último homem". Embora a noção de fim da história pareça ter sido mais consagrada com o pensamento marxista, que julgava que o fim da exploração de um indivíduo sobre o outro, a ascensão do socialismo (Estado proletariado) e depois do comunismo (uma sociedade sem classes e sem Estado dominada pela racionalidade e justiça social) representariam o verdadeiro fim da pré-história da humanidade, a origem do termo, na verdade, pertence antes à Hegel, porém sob um outro contexto.

Hegel havia concebido na obra *Fenomenologia do Espírito*, publicada em 1807, que o fim dos Estados monárquicos absolutistas (com a Revoluções Gloriosa, em 1688, e Francesa, em 1789), assim como a substituição das crendices

religiosas pelas evidências da ciência moderna, haviam constituído o fim dos conflitos humanos. Não haveria mais margem
para a submissão às tiranias dos reis ou às visões religiosas que
deturpavam a realidade. Para Hegel, o mundo passou a ser
regido pelos direitos construídos pela razão e pela racionalidade científica. O filósofo anunciava o fim da dialética entre
o senhor e o escravo, pois todos passaram a ser cidadãos. O
fim da história representaria a realização do Espírito Absoluto,
ou seja, Deus no mundo material. O Espírito absoluto é uma
ideia racional, anterior às práticas humanas e teria se realizado perfeitamente na história, fornecendo à teoria de Hegel
contornos idealistas e abstratos, pois a origem da organização
racional do mundo não está nas construções sociais, mas no
Espírito Absoluto incorporado e difundido ao resto da humanidade apenas pelos grandes gênios e personagens da história,
como filósofos, artistas, líderes políticos e religiosos.

Hegel foi criticado por Marx, principalmente em sua
obra publicada de forma póstuma, a *Ideologia alemã* (1846,
mas publicada postumamente em 1932), sendo ideologia um
conceito que representa o mascaramento da realidade, visão
deturpada de mundo. Marx toma Hegel como um pensador
fascinado pela ascensão da burguesia na política, a ponto de
ter uma visão otimista, senão infantil, de que o Estado burguês
seria a realização de um Deus no mundo e o coroamento do
fim de qualquer conflito humano, pois todos passaram a ser
iguais perante a lei e livres do ponto de vista econômico e
político. É evidente que Hegel jamais pensou ou procurou investigar as precárias condições de trabalho da industrialização

nascente, muito menos preocupou-se com o violento processo de colonização operado pelos europeus na Ásia, na África e na América. Apenas possui uma visão ideológica (no sentido de deturpar a realidade dos fatos) ao enaltecer o espírito burguês enquanto deflagração de um mundo perfeito que pôs fim a todo e qualquer tipo de conflito humano.

Fukuyama, por sua vez, quando se refere ao fim da história, está mais próximo de Hegel do que de Marx. Quanto a Marx, o termo é usado tão somente como uma ironia ou paródia ao ilustrar que com o fim da URSS quem venceu a luta de classes não foi a classe trabalhadora, e sim a burguesia. No que diz respeito a Hegel, o otimismo de Fukuyama parece repetir as verborragias de outrora. No entanto, tratava-se de um novo contexto que anunciava não apenas a vitória da burguesia, como também a difusão pelo mundo do neoliberalismo e, com ele, o fim dos governos autoritários e pleno vigor das liberdades econômicas e individuais, isso segundo o autor norte-americano. Havíamos mencionado o otimismo de final de século de Fukuyama, pois ele acreditava que as nascentes e novas tecnologias de comunicação promoveriam maior nível de comércio internacional (o que é verdade) e a certeza de que as desigualdades sociais seriam muito reduzidas ou anuladas (o que é falso). Vislumbrava o aperfeiçoamento dos regimes democráticos (não é verdade) e dos direitos individuais, uma vez que o socialismo alcançara o seu colapso.

Fukuyama emprega no título de seu livro uma outra expressão, agora nietzscheana, o "último homem". Não se deve confundir o "último homem" com a noção consagrada por Nietzsche conhecida como "super-homem" ou "além homem". Trata-se de uma antítese. Enquanto o super-homem é uma construção mais otimista sobre o ser humano, sujeito que tem um caos dentro de si para dar origem a uma estrela cintilante, capaz de conviver com a tragédia que é a vida, com seus altos e baixos, dores e alegrias, vitórias e derrotas, um indivíduo que cria uma moral própria contra os dogmas religiosos, filosóficos ou de moralidades políticas, o "último homem" é um antípoda, espécie de imbecil, conformista, acomodado, massificado, que precisa ser guiado por forças externas para conduzir a sua vida. Acredita-se que a concepção de cultura de massas cunhada pela Escola de Frankfurt, sobretudo por Theodor W. Adorno e Max Horkheimer, tenha como fundamento a concepção crítica de Nietzsche de "último homem". Não deixa de ser estarrecedor que Fukuyama, além de tomar o conceito hegeliano de fim da história, toma o último homem, figura descrita por Nietzsche como a mais desprezível e desprovida de ardente desejo pela vida, como fundamento de seu vir a ser à humanidade no pós-Guerra Fria e, portanto, como elemento presente na nova ordem de mundo, a qual ele parece aplaudir. O que Nietzsche avalia como estúpido, Fukuyama anseia para a humanidade com o último homem.

Os prognósticos ou previsões de Fukuyama parecem não terem se concretizado, quase mais de 30 anos após a publicação de suas volumosas bobagens. Seu pensamento, inclusive, influenciou uma concepção muito difundida nos anos 1990 conhecida como "aldeia global", quando se acreditava que o neoliberalismo, a globalização e as novas tecnologias gerariam, entre tantos fenômenos, não apenas o aprimoramento das democracias e o fim da miséria, acreditava-se que haveria mais liberdades econômicas e políticas, como também mais conhecimento e pessoas mais cultas pelo volume de informação que circularia livremente na internet; mais tolerância entre as culturas também era algo anunciado, pois acreditava-se que seria possível trocar mais contato e conhecimento entre povos geograficamente distantes.

Não foi bem isso o que ocorreu. Ainda que a globalização possa ter promovidos esses elementos, jamais poderíamos observá-los como generalizados e popularizados a toda a humanidade a ponto de termos promovido o verdadeiro fim da história. Ao menos Fukuyama, talvez sem conhecer o sentido mais profundo e crítico da concepção de último homem de Nietzsche, tenha acertado nesse ponto, ou seja, no que diz respeito a esse conceito. Estamos vivendo a verdadeira Idade das Trevas, pois nunca houve tanto acesso livre às leituras, teorias e saberes eruditos e populares; porém nunca se fez tão pouco por eles, havendo preferência pelo consumismo, hedonismo e negacionismo científico em massa.

Temos hoje, no final das contas, massificações individualizadas por nichos de estupidez, seja pelo consumo ou posições políticas fundamentalistas e conservadoras; a intolerância mais do que se difundiu, pois a internet permitiu que racistas e xenófobos dialogassem com mais facilidade, ganhando as ruas e elegendo políticos; as pessoas têm mais acesso à informação, mas poucos alcançam o conhecimento (vale dizer que informação é uma mensagem que entra por um ouvido e sai pelo outro, não gera reflexão, senso crítico ou possibilidades de transformação do mundo; e o conhecimento atua como princípio da memória, da crítica e de ações que produzem alternativas ao mundo em que vivemos); a concentração de renda aumentou, temos mais pobres hoje no mundo, principalmente em países subdesenvolvidos; conflitos bélicos e crises econômicas surgem a cada ano; as democracias foram enfraquecidas pelas *fake news* e negacionismos eleitorais e científicos, conforme vimos com a pandemia de COVID-19 na América Latina, permitindo a ascensão ou o fortalecimento de figuras fascistas e autoritárias. A aldeia global se converteu numa horda primitiva global, com o paradoxo dialético no qual mais tecnologias permitiram mais barbáries.

Não se trata aqui de condenar as novas tecnologias de informação. Pode-se ser contra um prato de comida, mas não contra o domínio do fogo ou da existência do fogão; podemos detestar um livro ou um autor, mas não se pode ser contra a escrita; podemos questionar a utilização massiva de automóveis que poluem o meio ambiente, mas não se pode ser contra a roda. Da mesma forma, é possível construir incontáveis críticas à utilização das novas tecnologias de informação, porém, sem perder de vista a sua importância à humanidade. Walter Benjamin, no seu ensaio *A obra de arte na era da reprodutibilidade técnica* (1935), aponta para o caráter dialético dos meios de comunicação. Quando direcionados ao senso crítico, reflexão e engajamento político progressivo, Benjamin utiliza o termo "politização da arte" para se referir a esses meios de comunicação; quando voltados à barbárie, valorização da violência e do fascismo, emprega o termo "estetização da política".

Passadas três décadas do suposto "fim da história" e consolidação do neoliberalismo, o que se pôde observar é que suas promessas não foram promovidas. Nessa direção, David Harvey, em seu livro *O Neoliberalismo – história e implicações*, publicado em 2005, foi visionário ao se dar conta de quais seriam os efeitos desse regime econômico. Constitui-se com o neoliberalismo a falsa percepção de que todos os indivíduos estariam competitivamente em pé de igualdade; os governos eleitos foram perdendo força diante das instituições financeiras supranacionais e tornaram-se cada vez menos eficazes na solução dos problemas sociais; ainda que os indivíduos tenham alcançado maior acesso aos bens de consumo tecnológicos e globalizados que foram se tornando mais baratos e avançados (computadores, celulares etc.) não houve a solução de velhos dilemas sociais, sobretudo na América Latina, como questões direcionadas à melhoria dos salários, saneamento básico, acesso à saúde, moradia, transportes, entre outros direitos. Afirma-se o Estado mínimo, porém sua intervenção acaba por ocorrer em benefício do setor financeiro, raramente para atender as demandas sociais. No final das contas, os Estados e os mais pobres assumem todos os riscos oriundos da volatilidade da economia liberal e o mercado incorpora todos os lucros. Evidencia-se que a liberdade econômica é um privilégio de poucos e está distante do que Fukuyama previa.

Para Harvey, países pobres ou em desenvolvimento, como os da América Latina, são os provedores de recursos materiais e lucros que fornecem estabilidade aos países desenvolvidos. Ainda assim, os países desenvolvidos têm acentuado contradições, conforme se verificou com a crise econômica de 2008. O que há de mais instigante na análise de Harvey é que ela fornece uma interpretação lúcida a respeito da difusão do neoconservadorismo ou do que hoje chamamos de nova direita. Diante da incapacidade do neoliberalismo de resolver os problemas sociais e, pior, a degradação da vida mesmo das classes médias, emergem respostas reacionárias ao individualismo extremo contemporâneo, que buscam na religião (é o caso de muitos segmentos neopentecostais) sob teor fundamentalista, soluções utópicas e divinas para os problemas das nações (Harvey refere-se especificamente aos norte-americanos). Desde os atendados referentes ao 11 de setembro de 2001, grupos radicais de direita passaram a acusar como inimigos primeiro os islâmicos, hoje os imigrantes chineses e latinos, exigindo maior nível de militarização e preferências autoritárias.

À medida que o neoliberalismo é incapaz de solucionar os problemas materiais da sociedade e, ao invés disso, acentua as contradições sociais, grupos religiosos fundamentalistas cristãos começam a ganhar força com seu discurso que acusa os movimentos progressistas (LGBTQIAP+, feminista, negro, de refugiados ou imigrantes, dentre outros) de terem promovido a perda do sentido de unidade nacional, conduzindo ao abandono de um senso de pertencimento comum baseado em valores que giram em torno de princípios de Deus, pátria e família. Essas pautas vagas e sem materialidade acabam sendo os motes da nova direita contra visões de esquerda e progressistas. Os elementos morais fundamentalistas religiosos, ainda que vagos e baseados em preconceitos e intolerâncias, acabam por ser os elementos unificadores de segmentos ultraconservadores da sociedade que, ao invés de observar a gênese de seus problemas sociais na composição do sistema econômico neoliberal, passam erroneamente a associá-los às supostas práticas demoníacas e antipatrióticas, de forma que originam espécie de guerra santa contra todas as visões de mundo que destoem de suas concepções toscas e, ao mesmo tempo, seguem ideologicamente (no sentido de mascaramento da realidade, conforme Marx) defendendo as ilusões do livre mercado e do neoliberalismo. A crise de 2008 parece ter acentuado esse fenômeno, justificando a ampla margem de apoio a Donald Trump, eleito em 2016 presidente dos EUA.

Yascha Mounk, em seu livro *O povo contra a democracia* (2018), analisa a ascensão de figuras autoritárias nos regimes democráticos contemporâneos, sobretudo os que foram promovidos após a crise de 2008. Destaca que na década de 1990, com o fim do socialismo e das ditaduras na América Latina, criou-se a imagem de que no século XXI a democracia liberal sob tutela e hegemonia dos EUA predominaria, seguindo as promessas feitas por Fukuyama. Porém, atores políticos eleitos, como é o caso de Trump em 2016, Orbán na Hungria em 2010, e Bolsonaro no Brasil, eleito em 2018, colocaram em dúvida o tipo de narrativa exercida pelos ideólogos do fim da história e das democracias liberais. O diagnóstico é de que a democracia liberal burguesa está em crise devido à eleição dessas e outras figuras autoritárias, fenômeno denominado nessa obra como "desconsolidação da democracia". Tais democracias transformaram-se em "democracias eleitorais", caracterizadas por atacarem os princípios de liberdade de imprensa, promovem enfraquecimento ou tentativa de anulação da oposição e fim da independência das instituições políticas e jurídicas, ficando elas sob pressão e manipulação desses presidentes eleitos. Outro aspecto dessa crise refere-se às desconfianças e críticas, com fundamentação torpe, realizadas por lideranças autoritárias que agem e discursam contra as regras e os resultados das eleições democráticas. O resultado é que as democracias liberais se tornaram "democracia ilberais", "democracias sem direitos" ou liberalismo antidemocrático.

Segundo Mounk, as pautas identitárias e a estagnação econômica são os combustíveis que alimentam o discurso da extrema direita e alavancam a eleição de políticos conservadores autoritários. Além disso, os novos recursos tecnológicos de comunicação, como as redes sociais e seus novos fluxos de comunicação, têm promovido o empoderamento desses grupos extremistas (poderíamos dizer fascistas), antes à margem do sistema. As redes permitem o compartilhamento de valores reacionários que atacam os valores essenciais da democracia, entre eles a tolerância diante de posições políticas diversas.

Sérgio Abranches no ano de 2020 publicou o livro *O tempo dos governantes incidentais*. Afirma que as redes sociais permitiram a manipulação de ressentimentos a partir de grupos segmentados conservadores, levando políticos autoritários à vitória em diferentes eleições no mundo. Nesse sentido, constituem governos incidentais, posto que são atípicos no percurso das democracias e não conseguem entregar ou atingir as expectativas de seus eleitores, tendo por isso vida curta. Demonstração disso teria sido o insucesso de Trump em 2020 ao não conseguir sua reeleição, assim como Bolsonaro em 2022, derrotado por Lula. O ponto de partida desses governos incidentais é a crítica às oligarquias políticas que historicamente dominam o cenário institucional e eleitoral. Por isso, tanto Trump como Bolsonaro afirmam ser antissistema e promotores do ataque à velha política. Na prática, tratou-se mais de um discurso do que uma ação, pois as instituições liberais democráticas resistiram, ou estão resistindo e tentam evitar a transição da democracia aos governos autocratas. Abranches também se dá conta de que a democracia não têm conseguido acompanhar o ritmo de transformação das sociedades ocidentais, sobretudo com as crises do neoliberalismo que tornam os indivíduos cada vez mais vulneráveis às oscilações do mercado, e há a quantidade exorbitante de informação que circula nas redes sociais que com negacionismo e *fake news* acabam por desestabilizar os regimes democráticos. Como resultado, há a proliferação do desencantamento diante da própria democracia. As redes sociais canalizam discursos de ódio e a confrontação em detrimento da tolerância, de modo que se produz a radicalização de grupos de extrema direita.

Podemos aqui conduzir nossa reflexão à percepção de que há um fenômeno em marcha em todo o mundo que poderia ser classificado como "fascismo funcional". Assim como há analfabetos funcionais, que identificam as letras e pouco sabem identificar as palavras e a composição de uma frase, o mesmo se pode dizer em relação ao fascismo. A diferença reside no fato de que o analfabetismo funcional é um problema estrutural da política educacional, em que a falta de investimentos públicos em qualificação de professores, em estruturas físicas das escolas e, principalmente, para promover o acesso ao ensino público de qualidade acabam por atingir sobretudo pessoas menos abastadas. Já o fascismo funcional não se reduz a indivíduos que obtiveram pouco ou nenhum acesso à educação, sendo ele muito comum entre as classes médias e abastadas. Nesse caso, indivíduos que tiveram acesso à educação formal – podendo ter sido ela de predomínio privada e não pública – apenas a obtiveram por questões de privilégios de status financeiro, não por mérito e raramente a ponto de desenvolver aprendizado de qualidade. A maioria dos estudantes, ano após ano, é aprovada com exercícios ou facilitadores infantiloides, com ênfase nas práticas instrumentais e não nas reflexivas. Professores mais atentos contam nos dedos quantos de seus alunos são verdadeiramente reflexivos, enquanto perde-se de vista a quantidade de alunos que apenas têm o privilégio financeiro de estar na escola. Essa ignorância estrutural na escola privada tem origem geralmente na família abastada ou nas classes ociosas burguesas, cuja falta de conhecimento é notória e transbordante, fruto de uma sociedade que vê a utilidade financeira e o lucro acima da capacidade de reflexão e do exame das questões que afligem o mundo. Todas essas facilitações escolares, entre outras que poderiam ter sido narradas aqui, são decorrentes da manutenção de alunos/clientes nos ambientes de ensino em nome do lucro dessas instituições e não da educação, resultado da transformação que o neoliberalismo operou no setor escolar nas últimas décadas, configurando a passagem da escola em empresa e a necessidade de métodos burocráticos gerenciais para justificar a aprovação de jovens tolos e protofascistas distantes da reflexão e do comprometimento com o conhecimento crítico e científico. Professores de escolas privadas não estão distantes das descrições que Kafka promove e presentes em *A colônia penal* e *O processo*, reflexões escritas no início do século passado que demonstram como o excesso de racionalidade burocrática acaba se convertendo em seu oposto, em irracionalidade. Kafka induz à noção de que o domínio da burocratização sobre o comportamento humano conduz à conclusão de que o sentido da vida está no fato de que nada faz sentido. Há, dessa forma, a irracionalidade no interior da racionalidade. No caso da escola privada, o paradoxo gira em torno da questão de que há múltiplas áreas do conhecimento e das ciências que deveriam dar origem a estudantes intelectualizados e reflexivos. Porém, o efeito é inverso. Assim como o mundo organizacional é um celeiro de fascistas, conforme apontamos acima, o ensino privado escolar está mais apto à consolidação de fascistas juvenis do que futuros cidadãos. Redes sociais, nutridas por desinformação, *fake news* e cultura de consumismo, acabam por ser os alicerces da construção de valores políticos e existenciais desses jovens, sendo o conhecimento de teor crítico uma barreira à promoção de seus desejos e vir a ser hedonistas.

Nas escolas burguesas, frequentemente professores são direcionados mais às atividades de secretariado e operador de

FASCISMO DO NEOLIBERALISMO; NEOLIBERALISMO DO FASCISMO

dados, geralmente com trabalho flexível que invade o que deveriam ser horas de estudos, reflexão e leituras. Vários sistemas digitais para preencher, reuniões sem sentido sobre mais burocracias a serem adotadas, documentos sem sentido a serem entregues a todo instante fazem parte da rotina dos docentes. Professores e gestores escolares tornaram-se babás de luxo de jovens cada vez mais infantilizados pelo estilo de vida burguês baseado no consumo hedonista e na futilidade do seu cotidiano. Quanto aos gestores escolares, coordenadores pedagógicos e diretores, por fim, são os maestros de uma orquestra desafinada que hoje chamamos educação privada, lacaios que, sem o perceber, se transformam em obedientes e passivos, reproduzindo o fascismo funcional. Nessa direção, não se pode ter mais o espanto de observarmos tantos indivíduos com títulos superiores (graduação, mestrado ou doutorado) adeptos ao fascismo ou simplesmente fascistas funcionais.

Mesmo em universidades, a expansão de práticas que incubam o fascismo burocrático e verticalizado tornam-se cada vez mais comuns, como uma faculdade de Engenharia localizada na cidade de São Bernardo do Campo, no estado de São Paulo, cujos mantenedores são padres jesuítas, onde trabalhei e me tornei um antípoda de muitos colegas e, claro, fui o primeiro demitido no departamento de Ciências Sociais e Jurídicas, após receber ameaças de uma coordenadora, pasmem, da disciplina de Sociologia, por não preencher dados ou padronizar minhas aulas on-line usando um recurso tecnológico ultrapassado para tal situação (o Moodle) quando emergiu a pandemia em 2020. Convivi por quase 6 anos com sociólogos e outros profissionais das Ciências Humanas que declaradamente votaram em Bolsonaro. Uma colega dizia ser amiga íntima de longa data de Olavo de Carvalho (pseudofilósofo e guru de Jair Bolsonaro, responsável por difundir discursos preconceituosos, ofensivos e negacionistas); outros abraçavam o neoliberalismo e orgulhosos declamavam ditos religiosos e conservadores contra as pautas progressistas. Foi uma situação na qual me surpreendi, afinal, imaginei que tivessem levado minimamente a sério as leituras e o criticismo nas faculdades de Ciências Sociais. Fugi deles o máximo que pude, sobretudo dos convites às missas, encontros religiosos ou mesmo confraternizações, pois sabia que ouviria nesses encontros o mesmo que escutava na sala dos professores. Faziam jus aos tempos neoliberais em que vivemos, de modo que me foi perceptível como, segundo Foucault, as práticas desse sistema não se reduzem aos aspectos econômicos, como estão presentes no campo comportamental, acentuando o individualismo e a competitividade. Não por acaso, tive aulas tomadas por uma colega sem meu consentimento, sem grandes explicações ou autorização, que entrava no ambiente virtual nos dias de minhas disciplinas como se não fosse capaz de guiar eu mesmo o conteúdo ou recursos tecnológicos simples de serem utilizados com a eclosão pandêmica. Apesar da existência de avaliações periódicas realizadas pelos alunos sobre a qualidade das aulas de cada professor (mais burocracia), das quais nunca procurava saber os resultados, mas era informado por terceiros que eu tinha as melhores do meu departamento, nada disso foi suficiente para garantir meu emprego. Eu e tantos outros colegas fomos demitidos no meio da pandemia por uma faculdade católica. No mínimo, é uma atitude incoerente diante da religião amplamente professada por essa instituição. Os motivos de minha demissão não se relacionavam com as minhas aulas, mas pelo fato de a instituição compartilhar os mesmos valores conservadores, fossem religiosos ou de submissão às práticas verticais que acentuam o fascismo funcional. Outro colega simplesmente ignorou minha página numa plataforma virtual ainda durante a pandemia, modificando a seu bel prazer minhas mensagens, atividades e conteúdos. Afirmou não saber que era minha página. Tratava-se de posturas longe do coleguismo ou da ideia de trabalharmos em equipe em nome de um salve-se quem puder diante da crise econômica e do COVID-19. Ainda que houvesse inumeráveis alertas da Organização Mundial da Saúde (OMS) para que viagens não fossem feitas durante o período pandêmico, lembro que uma colega do mesmo departamento, diante de milhares de casos de óbitos devido à doença, postava fotos de uma viagem, como se nada estivesse ocorrendo, ao invés de permanecer isolada e reclusa, pois essa era a recomendação de virologistas.

Antes da pandemia, lembro de sociólogos e historiadores mais preocupados em terem recursos financeiros para comprar mercadorias fúteis, comentando nas reuniões e sala dos professores sobre as características de bolsas, sapatos, carros e viagens. Estavam mais preocupados consigo próprios do que com o conteúdo do ensino e discutir temas relevantes, o que de fato era muito raro. Havia discussões intermináveis em reuniões sobre métodos facilitadores como gincanas e outros joguetes de aprendizado que, evidentemente, tiravam o protagonismo do professor para dar respaldo a estudantes que mal liam textos (a esmagadora maioria) ou preocupavam-se com as discussões em sala de aula. A aplicação não era uma opção, senão uma exigência imposta verticalmente de cima para baixo, sem que se respeitasse a individualidade de cada professor. A busca pela padronização e por fazer com que as aulas sejam todas as mesmas e os professores também implica na adesão involuntária ao fascismo ou o fascismo funcional. A aplicação de métodos gerenciais à docência tem corrompido o sentido da reflexão, da crítica e da peculiaridade de cada percurso feito em cada sala de aula. Entendo que a falta de repertório e capacidade de transmitir conhecimentos, a ausência de capacidade de atrair a atenção dos estudantes ou mesmo uma série de desmotivações de ordem institucional e pessoal possam fazer com que uma reitoria, direção e coordenação lancem uma série de atividades padronizadas aos alunos com a intenção de que todos sejam idênticos, professores e alunos. Ora, não nos esqueçamos que a grande intenção do nazifascismo sempre foi padronizar e submeter a sociedade. Mais uma vez, o que se vê no campo da organização do trabalho tem reflexo sobre preferências políticas, isto é, o fascismo nasce da organização burocrática das relações de trabalho e culmina na política. Lembro de um ex-colega especialista na obra *Senhor dos anéis* de J. R. R. Tolkien, responsável por publicações e eventos a respeito. Claro, não se trata aqui de rebaixar a importância da obra ou qualquer discussão sobre ela. Porém, convenhamos, não parece ser o tema mais relevante para um departamento de Sociologia. O que importa avaliar é o fenômeno comportamental. Reacionários e conservadores quando se arriscam a entrar no mundo das Ciências Sociais tendem a fugir do aprofundamento das contradições e dilemas sociais em nome de objetos de estudos que destoam dos problemas concretos. Por mais que *Senhor dos Anéis* possa conter alegorias e metáforas sobre as relações sociais e as atitudes humanas, por mais que Tolkien tenha sua inspiração no *anel de Giges* descrito por Platão na obra *A República*, ou que o livro apresente reflexões literárias relevantes, me espanta uma carreira toda voltada a esse material, pois me parece revelar mais uma fuga da realidade e à profissão de historiador ou sociólogo em nome de seus valores morais religiosos, de modo que há um proposital esforço para direcionar a subjetividade do pesquisador aos temas religiosos, ou aspectos repletos de mundos paralelos, monstrinhos e fantasias das mais diversas. O neoliberalismo cria subjetividades de toda espécie, porém todas desvinculadas de uma análise materialista e condizente com o mundo contraditório em que vivemos.

Além das escolas privadas (e não podemos descartar a expansão desse fenômeno cada vez mais presente nas escolas públicas) formarem grande parte do contingente de fascistas funcionais, deve-se considerar ainda muitos segmentos evangélicos, que distantes do "amor ao próximo" e da tolerância entoada por Jesus Cristo, tomam atitudes fundamentalistas (sobretudo pastores mais conservadores), entre outros indivíduos que chegam a possuir, inclusive, títulos superiores. Ou seja, há muitos fascistas que acreditam não ser fascistas, embora o sejam, ainda que vejam com horror o próprio nazifascismo, ao valorizar sua religião, a pátria, a família e o que hoje é difundido como "cidadão de bem". Precisamos estudar mais a fundo esse fenômeno, caracterizado por preceitos que, no final das contas, divergem da defesa da tolerância, dos direitos à segurança e dignidade daqueles que não compactuam com seus valores conservadores.

É evidente que há muitos nazifascistas declarados hoje que proclamam seus lemas nas redes sociais e nas ruas, desejam golpes militares ou que cultuam Hitler e Mussolini e seus respectivos valores e regimes autoritários, ainda que tenham sido predominantes entre as décadas de 1920 e 1940. Outros tantos, senão a maioria que constitui os fascistas funcionais (um certo tipo de analfabetismo político e democrático), situam-se entre um discurso que na teoria é contra o fascismo, mas suas práticas acabam por acentuá-lo. A respeito do fato de que se pode ou não designar como fascistas as posturas antidemocráticas contemporâneas, valeria aqui para pôr fim à polêmica resgatar a leitura de Foucault a respeito do que é o fascismo. Geralmente, os críticos do emprego do uso "fascismo" para os atuais apoiadores de, por exemplo, Bolsonaro e Trump, costumam restringi-lo somente ao início do século passado devido às suas bases econômicas e políticas centralizadas nas mãos do Estado, o que em tese é diferente das liberdades individuais defendidas pelo neoliberalismo. Foucault, ao contrário, descreve o fascismo como o desejo de eliminação do outro, do diferente, retirando esse estranho da vida social. São criados, assim, inúmeros discursos no interior das instituições e na vida cotidiana que acabam por deflagrar o próprio fascismo. Essa definição já nos

FASCISMO DO NEOLIBERALISMO; NEOLIBERALISMO DO FASCISMO

é suficiente para a compreensão do fascismo e por qual motivo ele está presente hoje na forma funcional, isto é, constituindo o que denominados aqui como fascismo funcional.

Portanto, o fascismo é uma prática camaleônica, ou seja, plástica, que invade mesmo os regimes democráticos com candidatos que afirmam prezar de forma demagógica pela liberdade de expressão ou econômica, quando na verdade atuam a favor da intolerância. Essa plasticidade, conforme verificamos, está presente nas relações de poder nas organizações e na estrutura pedagógica das escolas privadas. Além disso, passa a estar presente nos meios de comunicação tradicionais, nas redes sociais e nas religiões. Na América Latina, principalmente, verifica-se entre muitos segmentos evangélicos.

O livre mercado não existe unicamente a partir de sua base econômica na qual bastaria a livre concorrência, o individualismo, a competividade e o mérito dos sujeitos para gerar a prosperidade de uma sociedade. A ideia de concorrência e competitividade tornam necessárias às práticas de convencimento de que um produto ou serviço é melhor do que o outro. Desde a ascensão dos meios de comunicação no século XIX, jornais e revistas impressas, depois no século XX com as rádios, cinemas, televisores e mais recentemente a internet, a indústria da propaganda tem produzido diversos métodos de convencimento e de identificação dos seus potenciais clientes. Quanto aos métodos de convencimento, seria um erro grotesco afirmar que eles emergiram unicamente a partir do capitalismo e da indústria da propaganda. É preciso encontrar as bases mais primitivas dos métodos de convencimento não primeiro no consumo, mas nas religiões.

O fato histórico, recorrente e permanente, de que as religiões de massa no Ocidente se afirmarem como a mais verdadeira em relação à veracidade das outras fez com que, desde a Antiguidade até hoje, elas tivessem que promover, cada uma ao seu modo e conforme crenças peculiares, suas visões de mundo com ampla margem de convencimento e de manipulação mental dos seus seguidores. Muito antes do desenvolvimento das propagandas das civilizações modernas, mitos, livros sagrados, profetas, pastores, rabinos, padres, sheiks, messias, salvadores, salvos e condenados, parábolas, frases, expressões e lemas de impacto repetidas sempre, ou algumas vezes em períodos específicos do ano ou da vida passam a nortear a vida dos fiéis. São princípios a serem vividos intensamente, propagados e proclamados em alto e bom som, ou diante de outros indivíduos que ainda podem ser convencidos, ou diante dos que compartilham as mesmas crenças. A missão é preservar os valores, lembrar-se deles a todo instante e evitar que se dissipem no tempo e no espaço. Essa forma de professar a fé por meio do convencimento e manipulação do intelecto representa a gênese da propaganda, primordialmente religiosa, de sustentação predominante oral, mas que desde a modernidade sua difusão deu-se nos meios de comunicação de massa a serviço da indústria cultural e, consequentemente, das manipulações políticas e econômicas. Eis um dos motivos pelo qual Walter Benjamin entende o capitalismo como religião. No entanto, as demais religiões possuíam rituais que ocorriam algumas vezes ao dia ou durante o ano. No capitalismo, a exigência da repetição é mais do que permanente, é polivalente, plástica e berçário do fascismo, pois lhe é preciso estar não somente aqui ou ali, mas em toda parte e em todos os lugares.

No mundo flexível proposto pelo neoliberalismo, o movimento da repetição vai para além do seu caráter polivalente. A propaganda está mais e além do que em toda parte, pois invadiu as subjetividades, transgrediu a apresentação de objetos ou mercadorias aos indivíduos, para transformá-los em consumidores que se pensam não mais como indivíduos, mas como mercadorias, são o que consomem, não mais "pensam, logo existem"; senão "consomem, logo existem"; se é o que se aparenta ser por meio de uma marca consumida. As redes sociais favorecem o *paparazzi* de si mesmo, sendo o si mesmo uma marca disso ou daquilo que está na moda. A repetição dos ritos e ditos, outrora sagrados, passa a ter o seu lado infernal no capitalismo, dando origem à propaganda comercial e política. Slogans, imagem de coisas para consumir, marcas e comerciais repetidos várias vezes, podendo ser de mesmo conteúdo ou com conteúdos diferentes, mas com a mesma marca, estão por todo lado.

Como vimos, o fascismo pode ter origem nas relações de trabalho nas organizações, assim como nos meios educacionais burgueses. Por ser plástico e polivalente, está em toda parte e em todos os lugares, invade as subjetividades e a propaganda comercial, sobretudo em tempos de neoliberalismo e redes sociais. Tal contexto neoliberal é um dos reforços à manipulação do intelecto, do comportamento e de fácil condução em direção ao fascismo. Vale dizer que não há fascismo sem meios de comunicação (embora os meios de comunicação não sejam em seu fundamento fascistas, conforme veremos), motivo pelo qual Joseph Goebbels, ministro na propaganda nazista de Adolf Hitler, afirmava que para se criar uma verdade é preciso mentir mil vezes. No mundo neoliberal, é preciso que essa repetição ocorra não apenas com a publicidade, mas também com os indivíduos perante os outros, e as redes sociais são campo fértil para isso. Durante o dia, quantos comerciais são vistos por um indivíduo? Nos meios de comunicação, nas ruas, nas estações de metrô e ônibus, há também comerciais visíveis nos totens das lojas, painéis comerciais, seja lá onde for possível estar. Propagandas comerciais se confundem com os indivíduos nas redes, criando o que Gilles Lipovetsky (*A estetização do mundo*) denomina como era transestética, produz indivíduos capitalistas-artistas, que mesclam novas tecnologias de comunicação, suas subjetividades particulares e o consumo das mercadorias.

Em tempos de neoliberalismo e globalização, as sociedades são tomadas por redes sociais. A partir delas o mundo virtual cria grandes contradições. É bem certo que movimentos progressistas que tratam de questões de raça, gênero, classe, elementos étnicos, pautas ambientalistas, entre outros, promoveram engajamento político, visibilidade e luta pela conquista e ampliação de direitos. São aspectos positivos que nos conduzem à verificação de como a internet possui potenciais civilizatórios. Por esse motivo, não se pode dizer que os meios de comunicação sejam fascistas. Porém, assim como todos os meios de comunicação, a internet e suas redes sociais são dialéticas, ou seja, são ambivalentes no sentido de que todo

FASCISMO DO NEOLIBERALISMO; NEOLIBERALISMO DO FASCISMO

progresso tecnológico pode vir acompanhado pela barbárie. A contradição reside na questão de que as mesmas tecnologias que permitem termos acesso às artes, ao senso crítico, a formas de aquisição cultural, engajamento político, união de pessoas distantes e gerar mais tolerância, são as mesmas que, por outro lado, podem difundir notícias falsas, disseminar intolerâncias e preconceitos, unir fascistas contra a democracia e contra os posicionamentos progressistas de uma sociedade. O fundamento dessa difusão de padrões fascistas tem como causa a repetição operada pelas redes. Tal qual uma marca ou mercadoria têm a tendência de se impregnar na subjetividade de um sujeito, valores religiosos e políticos passam a ser reforçados quando utilizados nas redes sociais.

O fascismo funcional é difundido por indivíduos nas redes sociais (e nas ruas) também com a repetição exaustiva de lemas que remontam a frases de impacto fascistas e racistas, embora muitos sequer o percebam. Por exemplo, muitos enfatizam lemas utilizados pela campanha de Bolsonaro em 2018 no Brasil como "Brasil acima de tudo, Deus acima de todos" ou o chamado "cidadão de bem"; Trump em 2016, anunciava *"America First"*. A Ku Klux Klan, movimento racista norte-americano de origem sulista, utilizou no início do século XX o lema *America First* para difundir sua ideologia e atrair novos adeptos. Atribui-se à mesma organização o termo "cidadão de bem" para se referir aos sujeitos supremacistas brancos que agiam de forma violenta contra a população negra, utilizando-o de forma demagógica em nome da religião, da pátria e da família. Esses slogans, simplórios no conteúdo, mas repletos de significados históricos de violência, foram resgatados hoje pelos movimentos da nova direita, sendo difundidos em redes sociais ou mesmo utilizados nas propagandas políticas.

O neoconservadorismo, para a defesa de posturas fascistas nas redes, utiliza geralmente o argumento da liberdade de expressão. Quando são criticados, acusam a esquerda e os movimentos progressistas de tentarem cercear esse direito. A nova direita julga poder gozar do pleno direito à liberdade de expressão, ainda que proclamando, sempre de forma sensacionalista, repetitiva e seguindo as práticas da propaganda comercial, o desejo por golpes militares, gestos e ditos racistas ou LGBTQIA+fóbicos, pregam como dever religioso eliminar a esquerda e todos os demais opositores; estimulam a perseguição a grupos minoritários politicamente, questionam a legitimidade dos processos eleitorais e da existência das instituições democráticas. Durante a pandemia de COVID-19, elaborou-se posturas negacionistas contra o uso de vacinas e procedimentos que poderiam evitar o rápido alastramento da doença, como a utilização de máscaras e higienização das mãos. O negacionismo também é verificado em visões de mundo ideologicamente deturpadas como a acusação de o socialismo ser de extrema direita ou a afirmação de que a Terra é plana. Essas e muitas outras visões deturpadas são idiotas e difundidas por idiotas. Aqui reside o paradoxo no qual nunca tivemos tanto acesso à informação, porém nunca se fez tão pouco pelo conhecimento. Trata-se da Idade das Trevas, havíamos afirmado.

FASCISMO DO NEOLIBERALISMO; NEOLIBERALISMO DO FASCISMO

No ano de 2016, o *Dicionário Oxford de Filosofia*, o mais relevante dessa área de conhecimento, sobretudo em função da eleição de Trump e do Brexit (plebiscito na Inglaterra responsável pela aprovação da saída da zona do Euro), adicionou entre os seus verbetes o termo *pós-verdade*, utilizando-se da seguinte definição: "*Post-truth* (pós-verdade): relativo ou referente a circunstâncias nas quais os fatos objetivos são menos influentes na opinião pública do que as emoções e as crenças pessoais". Por fatos objetivos entende-se consensos e certezas de ordem científica, política e histórica (por exemplo: a Terra é esférica; procedimentos eleitorais, como urnas eletrônicas, são legítimos; o nazismo é de extrema direita) que norteiam uma visão de mundo mais racional. No entanto, a pós-verdade, em que residem as *fake news*, não é qualquer tipo de mentira. São mentiras operadas por meio de redes sociais que deslegitimam os fatos objetivos, o que caracteriza seu aspecto negacionista. Além disso, suas informações por serem sensacionalistas e atingirem crenças pessoais e emoções dos indivíduos acabam por tornar os fatos objetivos menos relevantes, havendo assim manipulação em massa da opinião pública. Embora outros meios de comunicação tradicionais como televisão, rádio, cinema, jornais e revistas impressas também possam manipular as massas, a diferença presente no conceito de pós-verdade apresenta-se em relação ao fato de que esses mesmos meios de comunicação tradicionais perderam o monopólio e a hegemonia da difusão de informações. As redes sociais na internet permitem que qualquer desconhecido, na verdade centenas de milhares deles, adquira evidência a outras porções inimagináveis de internautas, atacando governos de forma inverídica, criando teses conspiratórias e anunciando atitudes antidemocráticas, e assim por diante. Cria-se um sistema de informação que foge ao controle de governos e das grandes empresas de comunicação, impondo múltiplas narrativas nas quais uma de suas possibilidades é adotar a postura negacionista perante o que é dado de forma certa e segura pela ciência, pela política e pela história.

Em todo o mundo, governos e parlamentos têm discutido formas de controle sobre a difusão da pós-verdade com o argumento de que ela põe em risco o funcionamento saudável das democracias, dos direitos, dos sistemas jurídicos ou até mesmo da saúde pública. É de bom tom não seguirmos a posição que me parece absurda, senão estúpida, anunciada por Yuval Harari no seu superficial livro *21 lições para o século XXI*, publicado em 2018. Um dos erros grosseiros de Harari é apresentar a comparação dos mitos de culturas tradicionais ao fenômeno das *fake news*. Trata-se de uma visão eurocêntrica, na qual a racionalidade e a ciência seriam superiores às interpretações e comportamentos míticos. A Antropologia e os estudos de mitólogos, enquanto campos científicos, principalmente com Claude Lévi-Strauss, tomam os mitos não como mentiras ou ideias falsas (essas visões eram disseminadas pela filosofia platônica; pelo Iluminismo e o pelo positivismo) senão como símbolos vividos intensamente, podendo haver nos mitos confluências com a própria cientificidade e racionalidade, como é o caso de conhecimentos tradicionais que povos indígenas detém e que, ao lado de suas crenças, possuem saberes e experiências milenares, por exemplo, quais princípios ativos da natureza podem combater ou auxiliar contra algum dano à saúde. O que me parece ser mais grave na argumentação de Harari para combater as *fake news* remete à afirmação em que o autor diz: "[...] se você quer uma informação confiável – pague por ela [...]" (2018, p. 301). É um argumento elitista, ingênuo, ideológico pequeno burguês que justifica a fama desse filósofo não pelas suas ideias, mas sim pelo seu capital simbólico e cultural, mais resultado de seu país de origem do que pela qualidade de suas ideias. Seu argumento é excludente, posto que pessoas com menor poder aquisitivo estariam à mercê das notícias falsas por não poder pagar pelas verdadeiras, além de todos os efeitos negativos que o negacionismo democrático poderia produzir, como a perda de direitos.

Discussões sérias a respeito de como controlar as *fake news* não podem estar limitadas a atitudes individuais tais como verificar a data da publicação; observar se mais de um meio de comunicação confiável publicou a mesma notícia; investigar se alguma agência de checagem desmentiu a notícia ou confiar nas interpretações científicas e evitar boatos de blogueiros. Para além dessas posturas, o que se tem discutido hoje é que governos regulem redes sociais, de modo que possam criar algoritmos que permitam bloquear postagens que difundam intolerâncias, negacionismos democráticos que enalteçam fascistas, golpes militares e eliminação de opositores. As grandes empresas do ramo demonstram-se contra essas políticas de regulação pública sobre as redes, é o caso do Google, da empresa Meta ou do Twitter, não exatamente por conta do conteúdo prejudicial à vida social, senão muito mais pelos lucros angariados nas suas plataformas por grupos neoconservadores.

Ainda que grupos progressistas e de esquerda possam utilizar de *fake news*, é preciso observar com atenção esse tipo de estratégia e diferenciá-la dos grupos de extrema direita. A diferença é constatada porque, ao utilizar notícias falsas, progressistas e a esquerda as têm empregado como antídoto ou feitiço que se volta contra os feiticeiros, contra a extrema direita, com a intenção de reduzir sua força política, jamais para colocar em risco o funcionamento da democracia e a estabilidade da saúde pública, tal como os neoconservadores têm atuado. É evidente que o ideal seria que ninguém utilizasse esse tipo de recurso para conquistar adeptos, porém na Idade das Trevas até mesmo notícias que possam de forma sensacionalista deturpar fascistas passam a ser um instrumento válido, desde que não ponham em risco direitos como a liberdade de expressão ou a dignidade humana. O que não pode ocorrer, como fascistas funcionais procuram argumentar, é que se possa dizer tudo contra qualquer indivíduo e contra a sociedade. Isso é o mesmo que confundir a liberdade de expressão com a liberdade de ser intolerante. O limite da liberdade de expressão é a intolerância e, consequentemente, os direitos à vida, à segurança e à dignidade. Não se pode dizer qualquer coisa que ponha em risco a vida de outro indivíduo; todos somos responsáveis pelo que postamos ou falamos em público, de modo que o que for dito de forma sensacionalista ou mentirosa poderá influenciar atitudes de outros tantos, a ponto de estimular a violência contra minorias.

Outro aprendizado da maioria dos movimentos de esquerda após o fim da URSS é que não se deve limitar o direito à liberdade de expressão, constituindo esse não um direito natural (como querem os defensores de Locke), mas sim um direito social. Tornou-se evidente que, seja qual for o governo, deve-se ter o direito de criticá-lo por inúmeros motivos e valores, e é necessário ser sempre esse o papel de uma imprensa livre. Utilizando-se ou não de sensacionalismos ou visões deturpadas, o limite desses posicionamentos precisa ser sempre o de não ultrapassar a fronteira que ponha em risco a existência da diversidade étnica, política e racial. É notório que os neoconservadores ultrapassaram essa fronteira, de modo que a regulação das redes deve ser feita pelos governos, seja para combater crimes de ódio, difusão de atitudes pedófilas, golpistas, racistas, fascistas, entre outras formas de ameaça.

Além de Yascha Mounk em *O povo contra a democracia* (2018), Levitsky e Ziblat na obra *Como as democracias morrem* (2018), Lilla Mark em *O progressista de ontem e o do amanhã: desafios da democracia liberal no mundo pós-políticas identitárias* (2018) e Adam Przeworski, em seu livro *Crises na Democracia* (2019), avaliam como as democracias liberais têm sofrido ameaças das *fake news* que difundem mensagens autoritárias e violentas, além da deslegitimação dos processos e resultados das eleições. Em outros termos, o diagnóstico é correto e essas análises estão fundamentadas em outra obra hoje clássica escrita por Robert Dahl, *Poliarquia* (1972). Todas essas obras pressupõem que a democracia liberal é um regime político que preza pela tolerância aos adversários derrotados e vitoriosos nas eleições; à necessidade de que a imprensa seja livre e mantenha-se a liberdade de expressão; defendem que haja fontes alternativas de informação, assim como a livre demonstração de preferências políticas e eleição de representantes; sustentam a liberdade de formar e aderir a organizações, o direito ao voto, o direito das lideranças políticas disputarem votos; defendem também eleições livres, idôneas e instituições seguras para fazer com que as políticas governamentais dependam de eleições e de outras manifestações de preferências.

O problema dessas leituras não está no seu conteúdo, senão na sua premissa. Isso porque a democracia liberal é tomada por esses autores como um fim e um bem em si mesmos, sendo necessariamente positiva às sociedades. Mas a qual sociedade esses autores se referem? Há uma cegueira generalizada a respeito de que a democracia liberal não tem como foco central a solução de problemas econômicos e sociais. Nesses autores todos, não há grandes preocupações com democratização econômica, apenas há democracia política, ainda assim com o agravante da existência de barreiras à participação popular de forma deliberativa ou participativa (ou seja, direta), de modo que não evita disparidades crônicas entre ricos e pobres. Portanto, é retórica e ingênua a questão sobre "como as democracias morrem". É evidente que seus coveiros são os atores políticos autoritários e fascistas, como Bolsonaro, Trump ou mesmo Luís Fernando Camacho (considerado o Bolsonaro boliviano). As questões devem ser outras. Perguntar como as democracias morrem é uma questão importante, porém superficial diante de outros dilemas, tais como: quem mandou matá-las? Quem são os mandantes? E por quais motivos mandaram matar? Em outros termos, Levitsky e a geração de pensadores políticos norte-americanos contemporâneos, entre outros mundo afora, estarrecidos com as crises da democracia liberal, inclusive dos EUA, acabam por se perguntar como o defunto foi enterrado e geralmente acusam e responsabilizam o coveiro pelo assassinato, quando na realidade ele apenas fez seu trabalho, enterrando-o. Mais do que entender como as democracias são enterradas, com as figuras fascistas e autoritárias, e quais elementos foram utilizados para o enterro, nós temos que nos questionar quais motivos e interesses impulsionaram o desejo de matá-la: quem são os mandantes?

Esses autores desconsideram ou esquecem, conforme afirma Marx, que os regimes políticos e jurídicos são sempre manifestações das classes economicamente dominantes. Significa dizer que a política é um reflexo das bases materiais econômicas. Dessa forma, a democracia liberal, em sua fachada, parece ser um bom sistema que, contraditoriamente e atrás das cortinas, pode manter, ou simplesmente acentuar ou resolver muito lentamente em partes (e raramente em sua totalidade) as desigualdades sociais, mantendo a hegemonia das classes economicamente dominantes. Louis Althusser, em seu livro clássico *Aparelhos Ideológicos do Estado* (1970), demonstra como as instituições burguesas, como a democracia liberal, os sistemas educacionais e jurídicos, os meios de comunicação, entre outros, acabam por reproduzir as relações de exploração capitalistas. Nessa direção, os aparelhos ideológicos colocam em segundo plano os problemas que envolvem relações de poder econômico, o controle econômico das massas ou cadeias de interesses que fazem com que as classes dominantes de um país atuem de forma a corresponder aos interesses imperialistas de outras nações, criando a sensação, por exemplo, de que na democracia liberal todos estão aptos a participar e ser eleitos, quando na verdade candidatos com maiores patrocínios, investimentos e apoio das elites econômicas acabam por obter mais sucesso no pleito se comparados aos candidatos à margem desses aparelhos ideológicos. Alcançando a vitória nas eleições e tendo a maioria nos Congressos, as elites econômicas tomam para si o Estado com o objetivo de manter e ampliar seus interesses, além de domesticar ou silenciar a oposição de esquerda que questiona esses atos.

No mundo burguês em que vivemos convém a manutenção da democracia liberal até que ela não ameace os interesses das elites econômicas. Enquanto o poder do capital for capaz de financiar e eleger lideranças políticas moderadas sem colocar em risco o funcionamento do próprio capitalismo, as elites defenderão mesmo a existência coadjuvante de partidos de esquerda e dos movimentos sociais com baixo índice de representatividade. Porém, à medida que ocorra a emergência de partidos de esquerda que visem a redução de desigualdades sociais, reformas tributárias que permitam ricos pagar mais impostos ou a redução ou liquidação dos privilégios dessas elites, além da expansão de direitos sociais e gastos públicos em políticas sociais, é bem certo que essas mesmas elites partam para um vale tudo para além do limite democrático, angariando apoio a figuras fascistas. Caso não consigam manter sua hegemonia pela via democrática, ainda que com figuras antidemocráticas eleitas, tentarão por vieses mais violentos, como golpes de Estado.

Em nome do capital, potências econômicas apoiaram ou fizeram vistas grossas à ascensão do nazifascismo europeu nas décadas de 1920 a 1940, com o argumento de que evitavam assim a expansão de ideias socialistas, mesmo da social-democracia que aceitara participar de eleições livres e manter os direitos individuais. No século passado, durante a Guerra Fria, os EUA apoiaram as ditaduras militares depondo governos de esquerda eleitos democraticamente e que muito dificilmente colocariam em risco o regime democrático liberal. No mundo contemporâneo, à medida que as crises impostas pelo capitalismo, em especial com o neoliberalismo, se acentuam e suas promessas de redução da miséria, de logros pessoais conquistados pelo ideal da meritocracia, do consumo exacerbado e da livre concorrência e o decorrente fortalecimento das democracias não se cumpriram a favor dos menos favorecidos, partidos de esquerda ganharam força e foram vencendo eleições. O temor de perder privilégios e o ideal de Estado mínimo para o povo e máximo para as elites têm promovido sabotagens burguesas sobre o sistema eleitoral democrático liberal e sobre as economias emergentes.

A ideia de que hoje os partidos de esquerda na América Latina são uma afronta às democracias liberais é um blefe. Com o final da URSS, novos e velhos partidos de esquerda produziram autocríticas, percebendo que não se pode restringir liberdades políticas e religiosas, sequer o direito social (e não natural) à propriedade privada. Escaparam inclusive da defesa

O GOLPE DE 2019 NA BOLÍVIA

da ditadura do proletariado. Se não seguiram as concepções reformistas de um intelectual grego, Nicos Poulantzas e sua paradigmática obra *O Estado, o poder, o socialismo* (1978), ao menos o seu pensamento serviu de inspiração para a nova esquerda instituída após o fracasso do violento regime da URSS. Poulantzas preferia as disputas eleitorais e midiáticas presentes na democracia liberal à violência e autoritarismos da ditadura do proletariado. Sua leitura da democracia liberal demonstra que apesar das esquerdas, por vezes, conseguirem ascender ao poder por meio de eleições livres e realizar transformações econômicas e sociais, essas políticas acabam por ser sabotadas, desde através de sanções econômicas das grandes potências até a utilização de meios de comunicação e golpes de Estado, tão comuns na América Latina. Poulantzas, inclusive, faz muitas referências às ditaduras na América Latina do século passado.

Vimos que as promessas do neoliberalismo não se cumpriram nem no final do século passado e muito menos neste século. Esse fracasso permitiu que governos de esquerda ascendessem na América Latina. Lugo[2] (2008 – 2012) no Paraguai; Lula[3] (2003 – 2010) e Dilma[4] (2011 – 2016) no Brasil; Nestor

---

2. Vítima de um *impeachment* relâmpago em 2012 operado pelo parlamento conservador paraguaio.

3. Foi condenado à prisão em 2018 pelo juiz federal Sérgio Moro na operação "Lava Jato", quando liderava as pesquisas de intenção de votos para presidência daquele ano. As investigações foram anuladas por terem sido consideradas suspeitas pelo Supremo Tribunal Federal (STF) em 2022.

4. Sofreu processo de *impeachment* em 2016, supostamente por crime de responsabilidade. Em setembro de 2022, o Ministério Público Federal arquivou o processo contra a ex-presidenta por falta de provas, seis anos após sua destituição. Lula e Dilma foram de maneira permanente criticados pela imprensa brasileira,

Kirchner (2003 – 2007), Cristina Kirchner[5] (2007 – 2015) e Alberto Fernandez (2019 – 2023) na Argentina; Boric (2022) no Chile; Evo Morales (2005 – 2019) na Bolívia; Rafael Correa[6] (2007 – 2017) no Equador; Pepe Mujica (2010 – 2015) no Uruguai; Pedro Castillo[7] (2021 – 2022) no Peru; Hugo Chávez (1999 – 2013) e Maduro (a partir de 2013) na Venezuela, dentre outros, são alguns dos exemplos. Talvez o regime que mais se apresentou como antípoda dos interesses estadunidenses tenha sido o venezuelano, que procurou promover reformas sociais drásticas, estatizações e melhor distribuição de renda. Os resultados foram sanções econômicas severas norte-americanas, obrigando os governos bolivarianos a tomarem resposta às sucessivas tentativas de golpes e à estabilidade de sua democracia, atitudes hoje consideradas antidemocráticas e de cerceamento de direitos individuais, além de forte aparelhamento do Estado. O caso venezuelano é tido como exemplo negativo aos neoconservadores que procuram indicar que as medidas tomadas naquele país certamente estariam no horizonte dos demais governos de esquerda da região. No entanto, essas lei-

---

ainda que ambos os casos tenham gerado mais dúvidas e críticas do que certezas sobre seus supostos crimes.

5. Cristina passa por série de investigações e possíveis condenações por supostos casos de favorecimentos políticos, econômicos e enriquecimento indevido. Parecem ser investigações que seguem os moldes dos casos de Lula e Dilma.

6. Há uma série de inquéritos abertos no Equador contra Rafael Corrêa. Muitos juristas indicam que parece se tratar de retaliações às suas reformas sociais e econômicas, que desagradaram às elites locais.

7. Ficou no poder por menos de um ano e meio. Sem apoio do Congresso peruano, tentou fechá-lo. Imediatamente sofreu *impeachment*. Passou por permanentes acusações de improbidade, com provas ainda insuficientes ou que geram dúvidas.

turas costumam ser ingênuas e maniqueístas ao negligenciar as sucessivas sabotagens feitas à Venezuela pelos EUA e suas elites burguesas venezuelanas, em função de suas reformas sociais e econômicas. A questão é indagar se o regime da Venezuela foi se fechando espontaneamente (o que parece ser um argumento tolo) ou se ele ocorreu na medida em que afrontou interesses imperialistas norte-americanos.

Os governos de esquerda da América do Sul buscaram alternativas às desigualdades econômicas produzidas pelo neoliberalismo e globalização durante a década de 1990. Uma dessas estratégias, antes mesmo de conseguirem democraticamente chegar ao poder, foi a criação do Foro de São Paulo em 1990, estimulado pelo Partido dos Trabalhadores (PT). Partidos de esquerda da América Latina e região do Caribe procuraram repensar suas estruturas políticas diante do fim da URSS. Para isso, buscaram refletir sobre o seu papel nas democracias liberais, criticar a ditadura soviética e o imperialismo norte-americano. e construir políticas para redução das contradições que atingem os menos favorecidos.

Outra pauta relevante foi a criação da União de Nações Sul-Americanas (UNASUL) com a articulação entre os governos de Lula, Hugo Chávez, na Venezuela, e Néstor Kirchner, na Argentina, em 2008, que procurava ser um contraponto à Área de Livre Comércio das Américas (ALCA), criada no final da década de 1990 pelos EUA, mas que não vingou pelo fato de manter o protecionismo econômico norte-americano, sobretudo no setor agrícola, apesar de defender o suposto livre comércio. A UNASUL busca a integração regional, intercâmbios tecnológicos, livre circulação de mercadorias e incentivos estatais à indústria, agricultura e comércio, com a intenção de reduzir as disparidades regionais e sociais. Além da UNASUL, os governos de esquerda foram promovendo políticas de maior participação do Estado na economia e na vida social, de direitos sociais, entre eles condições mais adequadas de trabalho e remuneração, políticas de habitação, educação, saúde, saneamento, elementos que foram socialmente positivos.

Mais do que pôr em crise os privilégios das elites econômicas, a maioria delas branca e de matriz europeia, e dos grandes proprietários rurais e da burguesia industrial da região, os governos de esquerda propagaram a defesa das sociedades tradicionais indígenas e políticas de reparação histórica contra negros, como é o caso brasileiro. No final da década de 2010, após sucessivas deposições de governos de esquerda e processos judiciais contra eles, que caracterizaram o chamado *lawfare* empregado pelas elites econômicas, foi criado o Grupo de Puebla, fundado em 2019, no México. O grupo é um fórum de debates políticos e acadêmicos que reúne líderes e intelectuais de esquerda com a intenção de redefinir, mais uma vez, novas estratégias de luta democrática, acrescentado as pautas ambientais e o reforço das lutas identitárias da região.

No início do século XXI, após sucessivas derrotas no âmbito eleitoral, além da crise econômica de 2008, a direita latino-americana e os interesses das elites locais passaram por severas crises de lideranças, redução da hegemonia nos Congressos e nos cargos executivos, de modo que seu poder econômico parecia não ser mais suficiente para eleger seus representantes nas democracias liberais. À medida que os Estados nacionais da região mudaram seu eixo político com a eleição das esquerdas, deixando de atender exclusivamente aos interesses das classes dominantes e passaram a atuar em nome de políticas sociais, reduzindo os privilégios dos primeiros e ampliando as instituições de deliberação e participação popular, emergiu a necessidade de modificação das estratégias da direita para retornar ao poder, ainda que fosse a partir de discursos de extrema direita.

Os golpes militares e ditaduras violentas, comuns durante a Guerra Fria no século XX, deixaram de ser justificáveis para a opinião pública e grandes meios de comunicação. O neoliberalismo exigia a manutenção dos direitos individuais, ao passo que buscava estratégias de sabotagem dos governos de esquerda. Poulantzas, na década de 1970, perguntava-se por qual motivo as elites burguesas defendem a democracia liberal, ainda que por vezes candidatos eleitos mais à esquerda possam subverter seus interesses econômicos. O pensador político afirma que não é plausível diante da opinião pública adotar práticas autoritárias e violentas para retirar o poder da esquerda, porém, no limite, golpes são bem-vindos aos grupos de direita quando não há mais alternativas. Esses tipos de práticas, golpes militares e ditaduras, deixaram de ser uma alternativa com o fim do inimigo soviético no início da década de 1990. Sem as alternativas violentas, notórias e públicas, o governo norte-americano passou a induzir e financiar o que hoje são chamados de "golpes suaves".

A esse respeito, seria relevante trazer à tona uma reflexão apresentada no livro *El Fraude de la OEA y el Golpe de*

Estado en Bolivia, publicado em 2021, do defensor dos direitos humanos boliviano Cesar Navarro Miranda. Sua obra apresenta o estudo em que as novas estratégias imperialistas estadunidenses, distantes dos golpes militares de Estado violentos, passaram a ser os chamados "golpe suaves", referendados por meio dos pensamentos do intelectual conservador dos EUA, Gene Sharp, e seu livro *Da ditadura à democracia*, escrito originalmente em 1993. Curiosamente, Sharp foi indicado três vezes ao Prêmio Nobel da Paz (2009, 2012 e 2013) pelos governos dos EUA e, evidentemente, nunca foi premiado. Outro aspecto curioso é que sua obra estabelece novas formas de procedimentos para que as ditaduras sejam diluídas em nome de regimes democráticos. Na aparência, parece ser uma obra bem-intencionada que, aliás, serve como livro de cabeceira de vários movimentos neoconservadores e de extrema direita. Na verdade, porém, utiliza o termo "ditadura" no título da obra para se referir a qualquer governo, ainda que eleito democraticamente, que destoe dos interesses imperialistas norte-americanos. E "democracia", nesse caso, são governos eleitos e que seguem as diretrizes coloniais dos EUA. Dessa forma, embora a obra tenha o título *Da ditadura à democracia*, a intenção do texto pode ter um resultado inverso, isto é, produzir instabilidade e sabotagens políticas aos governos ditatoriais (o que não é um problema), assim como os democraticamente eleitos (o que é um grande problema), conduzindo contraditoriamente esses últimos a regimes que mais se aproximam de ditaduras. Em outras palavras, democracia para Gene Sharp acaba sendo qualquer governo submisso aos EUA e ditadura governos que se opõem à sua pátria de origem. Desde o final da década de 1980, Sharp fundou diferentes ONGs e exerceu influência em vários países, dentre eles Taiwan, Lituânia, Rússia, Geórgia, Sérvia, Tunísia e Venezuela. Suas ideias foram incorporadas pela CIA e difundidas na América Latina, principalmente no século XXI como alternativas contra os governos de esquerda eleitos democraticamente e sem o uso de golpes militares.

Sharp acredita ter criado uma espécie de cartilha ou método para promoção das democracias e liquidação das ditaduras. No entanto, seu método acabou por ser utilizado para desestabilizar governos, sendo utilizado diretamente ou ao menos como inspiração por grupos de extrema direita da região. Entre os procedimentos adotados ou sugeridos em sua obra constam: 1ª etapa – protesto e persuasão; 2ª etapa – não cooperação; e 3ª etapa – intervenção não violenta. Vejamos a seguir análise de Cesar Miranda, que revela o passo a passo dessa metodologia de Sharp e que culmina no que se denomina hoje como "golpes suaves".

Sharp prevê como primeira etapa a necessidade de manifestações simbólicas, por meio da tomada das ruas com desfiles, marchas e vigílias, preferencialmente usurpando símbolos nacionais (lemas nacionalistas, bandeiras e suas cores, imagens de figuras históricas) e promovendo a aliança com grupos conservadores fundamentalistas da extrema direita e religiosos. A América do Sul se habituou com esse tipo de estratégia, conforme ocorreu com o *impeachment* de Dilma em 2016 ou mesmo contra Evo Morales no ano de 2019, quando grupos neoconservadores de origem étnica predominante europeia

FASCISMO DO NEOLIBERALISMO; NEOLIBERALISMO DO FASCISMO

tiveram a ousadia de utilizar a Wiphala, bandeira que representa a diversidade étnica indígena daquele país. Com o golpe contra Evo em novembro de 2019, a mesma bandeira foi queimada e pisoteada por essas mesmas elites. A segunda etapa, a não cooperação, alude à noção de que esses grupos não devem colaborar de forma alguma com questões sociais ou mesmo, do ponto de vista econômico, devem sim produzir boicotes, desabastecimento, greves ou evitar colaborar com políticas cuja origem seja de esquerda, ainda que haja interesses nacionais importantes envolvidos. A terceira etapa, a intervenção não violenta, menciona procedimentos psicológicos, sociais, econômicos e políticos como greve de fome, ocupação paradoxalmente violenta de prédios públicos por civis, verificadas com a tentativa de invasão do Capitólio nos EUA e estimulada por Donald Trump em 6 de janeiro de 2021; em 2019 na Bolívia houve a invasão e destruição de zonas eleitorais de contagem de votos e outros prédios públicos, como o Palácio Quemado, sede do governo; em 8 de janeiro 2023 no Brasil, após a eleição de Lula, houve a tentativa de golpe com invasão de prédios dos três poderes em Brasília por manifestantes bolsonaristas.

Outro efeito dos golpes suaves é o *lawfare*, quando instâncias jurídicas passam a investigar e condenar políticos de esquerda com apoio sensacionalista de meios de comunicação, produzindo comoção e desgaste desses governos. Acabam por incentivar golpes parlamentares e manipulam a opinião pública, favorecendo processos de *impeachment*, sentenças e prisões arbitrárias aplaudidas pelos fascistas funcionais, conforme designamos anteriormente. Além disso, a terceira etapa do método de Sharp, que envolve a promoção de efeitos psicológicos, exige o apoio de meios de comunicação conservadores e, no século XXI, desponta a utilização de redes sociais. Os recursos utilizados para propagandear falsas notícias são o sensacionalismo e a repetição. O Movimento Brasil Livre (MBL) e a Unión Juvenil Cruceñista (referente à cidade de Santa Cruz, na Bolívia), por exemplo, entre outros na América Latina cujos membros despontaram a partir de jovens reacionários, usurparam símbolos e sequestraram as pautas progressistas de mais participação de jovens ou novas lideranças na política. Acabaram por substituir melhores condições sociais em direção a interesses das elites econômicas a partir do uso de *fake news* e mensagens de cunho intolerante contra a diversidade étnica, racial e de gênero, seguindo o pressuposto demagógico de que estavam exercendo a liberdade de expressão.

O apoio midiático, segundo Miranda (2021), procura impor a conspiração a partir de comentários de muitos jornalistas conservadores a partir da ideia de que os governos de esquerda conduziram as nações ao desastre. Outro método utilizado é a deslegitimação dos partidos de esquerda e a propagação do ideário anticomunista. Instigam a derrubada ou renúncia de governos e, no limite, desejam ou incentivam o armamento da população contra os governos que não agem segundo as suas prerrogativas. Miranda conclui que tais etapas se resumem ao processo de fascistização de amplos setores da sociedade, somada ainda ao não reconhecimento do resultado e procedimentos das eleições.

CAPÍTULO 04

EVO MORALES, PRESIDENTE DESCOLONIZADOR E DECOLONIAL

A chegada de Evo Morales ao poder em 2006 na Bolívia foi precedida por governos neoliberais que seguiam as diretrizes coloniais e imperialistas dos EUA. Em 1985, o presidente eleito Victor Paz, do Movimento Nacionalista Revolucionário (MNR) herdou a superinflação, forte dívida externa, desemprego e baixos salários oriundos dos regimes militares que estiveram em vigor nas décadas anteriores. Para buscar resolver a crise econômica, Victor Paz adotou a cartilha neoliberal do Consenso de Washington e foi iniciado um amplo processo de privatizações de empresas estatais bolivianas e consolidação do Estado mínimo. Suas medidas tecnocráticas visavam reduzir déficits fiscais a todo custo, por meio do aumento de impostos aos mais pobres e adequação de seu país às diretrizes do FMI e do Banco Mundial para renegociação de sua dívida externa.

Naquele ano, o então ex-ministro do Planejamento boliviano no governo Victor Paz, e futuro presidente da Bolívia entre 1993 a 1997, Gonzalo Sánchez de Lozada, buscava convencer diferentes segmentos da sociedade com a noção de que seu plano econômico "salvaria à pátria" por meio de uma "terapia de choque" inspirada nos preceitos do neoliberalismo.

As privatizações foram acompanhadas pela redução massiva de funcionários empregados nas estatais, atingindo sobretudo transportes e a mineração com o encerramento da produção e demissão em massa. Tratava-se da adequação boliviana ao imperialismo de cunho neoliberal imposto pelos EUA. Além disso, o governo de Victor Paz reduziu direitos trabalhistas em nome da liberalização do mercado, permitindo livres contratações. A abertura da economia boliviana permitiu a livre importação de bens de consumo, processo que deu origem à depreciação da produção local e o aumento do desemprego e do trabalho informal. Operou-se uma reforma tributária que favoreceu os interesses das elites e aumentou impostos sobre o consumo dos mais pobres. Salários foram congelados e o gasto público nas áreas sociais, como a educação, foram severamente reduzidos. Nesse período, iniciou-se a acentuada exclusão social que conduziu milhares de bolivianos a abandonar seu país e buscaram outros países da região, destacando-se Brasil e a cidade de São Paulo, Santiago no Chile e Buenos Aires na Argentina.

Quando Sánchez de Lozada foi eleito em 1993, seu governo procurou dar feição mais clara ao Estado-empresa, nomeando uma série de executivos e empresários como seus

EVO MORALES, PRESIDENTE DESCOLONIZADOR E DECOLONIAL

ministros, sob a justificativa de alavancar a imagem: mais gestor do que político, argumento que procura na gestão do Estado a caricatura ou aproximação ao funcionamento de uma empresa privada. Tratava-se da influência imperialista do neoliberalismo norte-americano e da Escola de Chicago, onde Lozada estudou, que impunha a gestão do Estado e a condução da sociedade sem que houvesse preocupação alguma com a compreensão das necessidades e da realidade do povo boliviano. A falta de vínculos de Lozada com o povo de seu país era notória. Banqueiro, empresário da mineração e membro da diretoria da Enron, Lozada foi criado nos EUA e seu espanhol era carregado de sotaque norte-americano, sendo apelidado de "Gringo", literalmente um presidente que mais parecia ser um porta-voz dos interesses das instituições e visões de mundo do mercado financeiro norte-americano do que das reais necessidade do seu povo. Para ser eleito e devido sua falta de carisma, Lozada realizou a inusitada aliança com a liderança indígena aymara Víctor Hugo Cárdenas, membro do Movimiento Revolucionario Tupaq Katari de Liberación (MRTKL) e seu candidato à vice-presidência. Suas intenções de reformas neoliberais, chamadas de "*Plan de todos*", foram mascaradas pela propaganda política que unia o empresário e o indígena. Estas reformas passaram a ser divulgadas como se fossem em benefício de toda a sociedade, a ponto de incluir a aparente aliança entre as elites econômicas e os povos indígenas bolivianos.

Após Lozada, em 1997 foi eleito Hugo Banzer, ex-ditador e promotor do golpe militar na Bolívia entre os anos de 1971 a 1978. Banzer, de ditador a presidente eleito, havia fundado em 1979 a Acción Democrática Nacionalista (ADN), partido de direita conservadora, e tentou ser eleito presidente em 1980, 1989 e 1993, conseguindo-o apenas em 1997. Seu governo perdurou até o ano de 2001, quando renunciou por questões de saúde (faleceu no ano seguinte), e caracterizou-se pela manutenção da submissão da Bolívia aos interesses dos EUA, agora sob a égide de consolidação e intensificação da guerra às drogas que havia sido iniciada com o governo de Victor Paz. Banzer buscou erradicar a produção da coca e fracassou, sobretudo por desconsiderar que se trata de uma folha medicinal de uso tradicional dos povos indígenas da Bolívia. Dada as devidas proporções, seria como exigir o fim do consumo de café no Brasil. A maior crise do último governo de Banzer foi a conhecida *Guerra da Água* na cidade de Cochabamba em abril do ano 2000. Seguindo os ditames neoliberais, Banzer privatizou, em nome de interesses de investidores norte-americanos, a empresa pública municipal de distribuição de águas da cidade e, em decorrência disso, o valor cobrado à população dobrou. Estradas foram fechadas pelos manifestantes, greves e ocupação de ruas caracterizaram o movimento de contestação, que deu maior visibilidade a Evo, conforme veremos mais adiante, na defesa do fim do controle e expulsão da Bolívia da empresa estrangeira responsável pelo controle da distribuição da água. Banzer decretou estado de sítio, prendeu os líderes das manifestações, censurou e fechou meios de comunicação. Acabou cancelando a privatização depois da crescente rejeição e queda de sua popularidade. Ao mesmo tempo, crescia no interior do recém criado Movimiento al Socialismo (MAS) e dos movimentos

EVO MORALES, PRESIDENTE DESCOLONIZADOR E DECOLONIAL

sociais a intenção de promover a pauta da nacionalização dos hidrocarburetos, isto é, os derivados de gás e petróleo.

No ano de 2002, Lozada (o Gringo) eleito agora presidente e tendo derrotado a então novidade, o candidato à presidência Evo Morales do MAS, é eleito para um novo mandato, porém interrompido com sua renúncia em 2003 com apenas quatorze meses de mandado. Lozada passava por forte rejeição política e impopularidade decorrentes da exploração estrangeira dos recursos minerais, à manutenção da repressão da plantação da folha de coca, à falta de participação política e poder da população de maioria indígena, além de incidentes que levaram a morte de dezenas de manifestantes em confronto com o Exército e a polícia. Em seu lugar assumiu o vice-presidente, Carlos Mesa (futuramente, em 2019, será candidato à presidência e um dos principais protagonistas do golpe contra Evo Morales).

O MAS, partido que elegeu Evo Morales nas eleições de 2005, formalmente surgiu no ano de 1995. Sua origem remonta ao movimento de cocaleiros de maioria indígena e camponesa a partir da década de 1980, como contraponto às políticas antidrogas, ao desemprego e à miséria decorrentes dos sucessivos governos neoliberais. Gradualmente, movimentos estudantis, operários e intelectuais foram aderindo à causa, dando contornos anti-imperialistas e anti-colonização como mensagem crítica aos governos eleitos e passivos às demandas econômicas e políticas norte-americanas. O MAS passou a atrair desempregados e diversos grupos excluídos socialmente. No ano de 2002, seu candidato à presidência foi Evo Morales que, embora derrotado, apresentava-se como uma surpreendente novidade no campo político boliviano.

Evo Morales nasceu na Vila Isallavi na região de Oruru em 1959. Mudou-se para Chapare, localidade próxima a Villa Tunari e Chimoré na região do Trópico de Cochabamba, onde trabalhou na produção de folhas de coca. Nas décadas de 1980 e 1990 iniciou seus primeiros passos na vida política ao ingressar no sindicato local dos produtores de coca, inicialmente, conforme nos descreveu, para praticar o esporte que mais gosta, o futebol, de modo que em 1981 foi nomeado Secretário de Esportes deste sindicato agrário. Cada vez mais popular, tornou-se em 1988 secretário-executivo da federação que reunia produtores de diferentes sindicatos daquela região, até se tornar o presidente da Coordenadoria das seis Federações do Trópico no ano de 1992. Na entrevista que realizamos com Evo e que pode ser lida mais adiante neste livro, ele descreve suas lutas e ameaças à vida que sofreu ao lutar pelos direitos dos camponeses e indígenas durante esse período. Evo menciona as repressões policiais, extorsões e humilhações impostas pelas autoridades à população local. Além de ter se tornado a mais importante liderança política da localidade, Evo não apenas defendeu seus pares, como também foi defendido por eles.

Em nossa entrevista, Evo avalia a mobilização popular para que não fosse preso ou mesmo morto em diversas circunstâncias e anos distintos, após sofrer ameaças das autoridades policiais e militares que cercavam as entradas e saídas locais. O Trópico de Cochabamba era uma área visada pelas autoridades bolivianas devido às imposições norte-americanas na política de repressão à produção de folhas de coca, fazendo de Evo uma figura a ser reprimida. Ao mesmo tempo, Evo angariou apoio de setores urbanos e intelectuais em defesa dos produtores de folha de coca, relacionando suas reivindicações ao combate ao imperialismo. Atraiu apoios crescentes da esquerda de seu país que criticava principalmente as interferências econômicas e políticas dos EUA. Em 1995, foi um dos signatários e responsáveis pela ampla aliança de movimentos sociais que deram origem ao MAS.

Quando estive no Trópico de Cochabamba no final de fevereiro de 2022 para entrevistar Evo, percorri estradas entre Villa Turani, Chimoré e Chapare. Pude visitar algumas dessas plantações de folhas de coca. Distante do que se poderia imaginar, não vi traficantes armados vigiando as plantações, sequer qualquer segredo sobre o seu plantio, que é visível aos olhos de quem quiser observá-lo. Numa dessas plantações conversei com dois idosos que me serviram o chá de coca, ao lado de outros comes e bebes. Muito simpáticos, relataram as violências e extorsões que sofriam no passado. Percebi que pessoas simples, de origem camponesa e indígena produziam essas folhas em grandes quantidades ao lado de outras frutas e legumes em pequenas e médias porções de terras. Todos esses produtos eram vendidos em feiras, gerando renda. Esses recursos permitem que suas famílias adquiram outros bens e vivam com tranquilidade. Muito comum e em toda parte é observar em restaurantes, prédios públicos, aeroporto, nas mãos de idosos, de mães com crianças no colo, entre jovens e famílias o consumo do chá de coca ou ao menos mascando a folha, nesse último caso, principalmente em cidades com elevada altitude, como em La Paz, El Alto, Uyuni e Sucre, locais que visitei em outra oportunidade no ano de 2020. Trata-se de uma folha medicinal, cujo consumo está inserido na cultura popular. Distante das imagens da violência do tráfico de drogas, o que percebi é que a plantação da folha de coca é de fato um cultivo tradicional impregnado na cultura dos povos indígenas bolivianos. O combate a estas plantações por parte das forças policiais e militares, que ocorria anos antes na região, me pareceu covarde, desproporcional e desprovida de sentido. Na realidade, parecem demonstrar o total desconhecimento das elites econômicas bolivianas, de matriz europeia e repleta de visões preconceituosas, diante das tradições culturais de seu próprio povo. A repressão ao plantio no passado e nos tempos de governos coloniais, imperialistas e neoliberais representava um absoluto descompasso entre poder político e cultura indígena.

Em 1997, Morales foi eleito para a Câmara de Deputados da Bolívia pelo MAS, com recorde histórico de votos, adquirindo maior visibilidade. Na condição de deputado e liderança regional, projetou-se como liderança nacional ao ganhar destaque ainda maior liderando os movimentos contra o governo de Hugo Banzer em abril de 2000 com a privatização do sistema de distribuição de água em Cochabamba. Em outubro do mesmo ano, Evo apresentou-se também como importante liderança das rebeliões indígenas em La Paz, associando o discurso anti-imperialista com a luta pela ampliação dos direitos dos povos indígenas bolivianos. Da região do Trópico de Cochabamba a La Paz, Evo foi se tornando uma figura política das mais relevantes. Carismático e articulador de apoios e esforços de diferentes segmentos da sociedade, soube como poucos conciliar diferentes tendências progressistas, de esquerda, visões mais moderadas e as lutas das comunidades camponesas e dos povos indígenas de seu país. Evo aliou ou se tornou o elemento agregador que permitiu o diálogo entre o campo e os meios urbanos, atraindo inclusive setores da classe média. Ao lado de seu partido, o MAS, Evo tornou-se a alternativa política ao modelo imperialista e neoliberal.

Ainda que tenha sido derrotado por Carlos Mesa em 2002 na campanha presidencial, alcançando a segunda posição nas eleições, o MAS tornou-se também o segundo maior partido com cadeiras no Congresso. A partir de então, a política boliviana jamais voltaria a ser a mesma, pois abandonava a forte hegemonia dos seus laços coloniais. Evo é considerado a liderança indígena mais importante da história de seu país. Este aspecto possui relevância, pois mais do que representar a luta contra o colonialismo contemporâneo e o imperialismo, isto é, seu caráter descolonizador, Evo é uma liderança política decolonial.

O termo colonial não deve ser confundido com a palavra descolonização. Conforme vimos, descolonizar é um processo político e econômico, no qual as colônias buscam a independência em relação às metrópoles, combatendo a hegemonia das nações imperialistas. Quanto à expressão "decolonial", o intelectual peruano Aníbal Quijano com seu artigo *Colonialidade do poder, eurocentrismo e América Latina*, publicado em 2005, entre outras reflexões, influenciou uma série de abordagens presentes nos estudos da antropologia e da ciência política contemporânea. O decolonial representa a contraposição à *colonialidade*. Segundo Quijano, a colonialidade do poder refere-se a um poder mundial capitalista, moderno/colonial e eurocentrado a partir da criação da ideia de raça, que foi utilizada com o falso e imaginado pressuposto da superioridade biológica europeia para naturalizar os colonizados como inferiores em relação aos colonizadores. Dessa forma, o conceito *decolonial*, segundo o autor, indica que seu significado está relacionado a um pensamento que se desprende da lógica de um único mundo possível (lógica da modernidade capitalista) e permite a abertura para a pluralidade de vozes e caminhos. Trata-se de uma busca pelo direito à diferença e a uma abertura para um pensamento-outro. O termo *decolonial* pode ser comparado à expressão *Epistemologias do Sul* (termo que dá o mesmo nome ao livro publicado em 2009), cunhado pelo hoje considerado polêmico pensador Boaventura de Sousa Santos, em que o conceito abrange a concepção de que há formas diversas de pensamento, há alternativas políticas, econômicas e sociais para além daquelas impostas de forma imperialista pelos países capitalistas:

> As Epistemologias do Sul surgem como uma proposta epistemológica subalterna, insurgente, resistente, alternativa contra um projeto de dominação capitalista, colonialista e patriarcal, que continua a ser hoje um paradigma hegemônico. Na sua fundação, encontra-se a ideia-chave de que não há justiça global sem justiça cognitiva global, isto é, as hierarquias do mundo só serão desafiadas quando conhecimentos e experiências do Sul e do Norte puderem ser discutidos a partir de

relações horizontais e sem que as narrativas do Sul
sejam sempre sujeitas à extenuante posição de reação
(a periferia que reage ao centro, o tradicional que reage ao moderno, a alternativa que reage ao cânone).
As Epistemologias do Sul existem porque existem
Epistemologias do Norte que se arrogam universais.
O objetivo futuro consiste no reconhecimento de uma
variedade enorme de epistemologias, a Ocidente e a
Oriente, a Norte e a Sul, a nível local, global, nacional,
em que as diferenças sejam horizontais e não verticais
(Santos; Araújo; Baumgarten, 2016, p. 17-18).

Decolonial e *Epistemologia do sul* são termos que convergem no
que diz respeito ao combate à noção de que há um único mundo possível imposto por valores eurocêntricos ou imperialistas
norte-americanos. Os dois conceitos avaliam a existência de
formas de conhecimento e organização social, econômica e
política criativas e elaboradas por culturas diversas, para além
dos saberes e práticas elaboradas pelo hemisfério Norte, historicamente responsável pela promoção da colonialidade do
poder, que expressa a visão etnocêntrica e impositiva sobre
modos diversos de pensar, de ser e organizar a realidade que
não sejam idênticos aos seus, tomando-os como atrasados, inferiores ou incivilizados.

Evo Morales ganhou destaque na vida política boliviana
não somente pelo seu discurso descolonizador, mas também a
partir do que hoje se define como *decolonial*. Há vários aspectos que tornam Evo o primeiro presidente boliviano decolonial. Sua imagem traz consigo não apenas o fato de ter sido o
primeiro indígena da história chegar ao poder na Bolívia por

meio do voto popular e com ampla margem; Evo também representa alternativas políticas, econômicas e sociais, profundamente relacionadas ao caráter identitário e cultural segundo o ponto de vista das populações camponesas e indígenas, contra as formas de governo e modelos políticos coloniais impostos desde sua invasão pelos espanhóis no século XVI até o início do século XXI com as formas de dominação capitalistas contemporâneas exercidas pelos EUA e seu neoliberalismo.

Seus gestos e posturas políticas estão de acordo com os interesses e necessidades coletivas da cultura popular e das tradições dos povos indígenas. Sob este aspecto, são um forte marco simbólico as manifestações sociais e populares de 2002 que conduziram à renúncia de Lozada e a ascensão de Evo enquanto liderança nacional. De um lado, o Gringo ou Lozada, demonstrava a colonialidade do poder. Seu sotaque, ideias econômicas e políticas norte-americanizadas destoavam da realidade desses povos tradicionais bolivianos que viviam de forma miserável e marginalizada; Evo, por outro lado, de origem indígena, conhecedor da pobreza, do trabalho árduo e das condições de vida da população boliviana, emergiu como um legítimo líder decolonial. Foi responsável por produzir nos seus mandatos presidenciais modelo de governo legítimo e compatível frente aos anseios, necessidades e saberes construídos pelos povos indígenas, seja do ponto de vista econômico, ambiental ou social, conforme veremos a seguir. Anticolonial e decolonial, Evo representa a chegada do povo ao poder de forma democrática.

Capítulo 05

OS MANDATOS DECOLONIAIS DE EVO MORALES

Evo Morales é uma liderança política unificadora das diferentes demandas da sociedade boliviana. Quando eleito para o seu primeiro mandato em 2005, estava clara a ideia de que não apenas o povo ascendeu ao poder, como também seu governo iniciava um processo de reparação histórica contra as violências e exclusão social praticadas de forma racista e colonial pelas elites bolivianas contra as sociedades tradicionais daquele país. Stella Coloni em sua obra *Golpe en Bolivia – Washington Ordenó OEA Ejecutó* (2020), reflete sobre o fato de que Evo Morales, quando assumiu a presidência em 2006, inaugurou um processo de extirpação do que define como *apartheid* "contra os milhões de bolivianos abandonados à própria sorte, esquecidos, perseguidos, recuperando a sua identidade e sua cultura [...]" (Calloni, 2020, p. 10-11). A esse respeito, César

Miranda, autor do livro *El Fraude de la OEA y el Golpe de Estado en Bolivia* (2021), refere-se à hegemonia histórica-colonial dos sucessivos governos bolivianos, vinculada ao perfil identitário de uma minoria de matriz europeia ou ao menos vinculada a ela e aos interesses norte-americanos, que controla e oprime economicamente e politicamente a maior parte da população, os povos indígenas e camponeses. Os governos que antecederam a eleição de Evo Morales em 2005 caracterizaram-se por serem membros dessas elites, preocupados com seus interesses pessoais a partir da tentadora submissão às diretrizes imperialistas de países europeus e dos EUA, fornecendo a eles as riquezas nacionais em nome da manutenção de seus privilégios e acentuação das desigualdades no país.

Em 2005, Evo Morales obteve 53,74% dos votos contra 28,59% do liberal Jorge Quiroga, que foi presidente da Bolívia entre 2001 e 2002 após a renúncia de Banzer. Evo foi reeleito em 2009 sob nova Constituição, aprovada por meio de referendo no mesmo ano. Sua vitória obteve os expressivos 64,22% dos votos, o que é talvez um recorde para eleições na América do Sul. Alcança seu terceiro mandato com as eleições de 2014, tendo 61,36% dos votos. Os incidentes das eleições de 2019 que levaram ao golpe contra seu governo narraremos mais adiante. Lembro que ao entrevistar Evo Morales no final do mês de fevereiro de 2022, ele recordava de todos os dados numéricos envolvendo suas eleições, o resultado do referendo de 2009, assim como de outras consultas populares. Impressionei-me com a descrição feita e o orgulho de Morales ao relatar os dados que não se resumiam aos resultados eleitorais. Mostrou-se como um matemático ou estatístico. Com habilidade sustentava a defesa de seu governo relatando as aprovações e os progressos realizados com números, índices, taxas e porcentagens. Comentou com naturalidade e com boa memória a dinâmica desses números, desde índices de inflação, valor de *commodities* exportadas, o PIB, até conduzir a zero taxas como do analfabetismo ou da ausência de atendimento médico no país. Alfredo Serrano apresenta a mesma impressão que aqui descrevo.

Vale dizer que o jornalista Serrano, ainda que usando seu telefone celular, o aplicativo WhatsApp e estando em Buenos Aires no dia do golpe contra Evo na Bolívia, 09 e 10 de novembro de 2019, foi o grande responsável por retirá-lo do país com vida e em segurança. Serrano articulou uma série de contatos com autoridades mexicanas e argentinas para que um avião militar do próprio México (presidido pelo presidente Andrés Manuel López Obrero) permitisse que deixasse o país, evitando sua captura, prisão ou mesmo morte. Os esforços de Serrano, de origem catalã, foram louváveis, mesmo que não tenha ocupado oficialmente nenhum cargo diplomático ou no governo de qualquer país envolvido no resgate de Evo naquela ocasião. Trata-se de um jornalista que durante a sua brilhante carreira e no meio da crise boliviana que levou ao golpe costurou uma rede de contatos e entrevistas com as principais autoridades contemporâneas sul-americanas, entre elas o próprio Evo, Cristina Kirchner, Rafael Correia e Alberto Fernández, entre outros diplomatas mexicanos. Serrano, certamente, deverá ser um dos personagens que no futuro próximo deve ser considerado um herói ao povo boliviano. Os pormenores dessa história descreveremos nos próximos tópicos. Voltemos à questão de suas impressões sobre a capacidade de Evo depurar números. Em seu livro *Evo Operación Rescate* (2021), Serrano menciona ter contribuído com a campanha presidencial boliviana em outubro de 2020 ao lado de Evo Morales, então exilado em Buenos Aires. Mesmo na Argentina, distante da Bolívia e durante a pandemia, Evo apoiou, fez articulações políticas e reuniões por vídeo conferência ou presenciais (quando foi possível devido ao contexto pandêmico) para consolidar a vitória de seu candidato do MAS, Luis Arce, ex-ministro da Economia e Finanças de seu governo. Serrano em seu livro comenta ter feito uma aposta com Evo, na qual se especulava se seria ou não possível Arce vencer com mais de 50% dos votos. O prêmio ao vencedor seria uma garrafa de vinho. Serrano julgava difícil. Evo, por sua vez, como um estatístico e conhecedor dos dados das eleições anteriores e da realidade de seu país, afirmava categoricamente a vitória acima de 50% devido aos votos das regiões mais distantes de predomínio étnico indígena, sobretudo a partir dos votos de Oruro. Arce venceu com 55,1%. Evo foi bem-sucedido em sua previsão, embora não saibamos com o livro se Serrano forneceu o item da aposta ao vencedor. A forma como Evo articula e percebe os dados numéricos, os descritos por Serrano e os que me relatou na entrevista em fevereiro de 2022, revelam como Morales procura neles a legitimação de seu governo, além de refletir a perspicácia de que como esses dados são a tradução do vasto conhecimento que têm da sociedade boliviana, resultado de sua experiência como liderança política, de quem procurou conhecer cada cidade e vilarejo daquele país. Na entrevista que concedeu a Stella Calloni (2020) e presente no seu livro, Evo descreve a disposição étnica indígena boliviana por regiões e a organização de seus respectivos movimentos sociais: "Em El Alto, Aymaras com a Federação Única de Camponeses do departamento de La Paz Tupac Katari e as Bartolinas. Em Cochabamba, Quechuas da Federação Única de Cochabamba encabeçando a Federação do Trópico, Quechuas e Aimaras. Em Yapacaní, em San Julían Quéchuas e Aimaras. Os novos assentamentos em terras fiscais. Em outros lugares também, quéchuas e aymaras deram e seguem resistindo ao golpe" (Calloni, 2020, p. 228-229).

Os números narrados por Evo reforçam sua intenção de atuar em consonância com os interesses populares e sua luta contra o imperialismo. Durante a nossa entrevista com Morales, este ressaltou o combate de seu governo contra a exclusão social e a introdução dos povos indígenas aos direitos à cidadania. Demonstrou como seus governos se empenharam no processo de descolonização e favorecimento da identidade cultural, da justiça social e da paz. O leitor deste livro poderá verificar esses e outros relatos no anexo dedicado à íntegra da nossa entrevista. Será possível observar como Evo Morales destaca a correlação entre a luta anti-imperialista ao neoliberalismo, às estatizações, distribuição de renda e justiça social. Por vezes elencou com ênfase estes aspectos, quando não diluía esses elementos descrevendo as conquistas sociais, o resgate das lutas anticoloniais ou a aprovação de leis ambientais em concordância com a visão epistemologia tradicional indígena com a defesa de Pachamama, a Mãe Terra.

Entre as medidas anti-imperialista adotadas, logo nos primeiros meses de seu mandato, destaca-se o fornecimento de bolsas de estudos para as crianças pobres com o programa "bonos Juancito Pinto" (em referência à criança, herói nacional, de 12 anos que serviu ao exército boliviano como tocador de tambor durante a Guerra do Pacífico contra o Chile e morto em 1880). Esta política, que incorporou o método cubano educacional, erradicou o analfabetismo boliviano no século XXI. Além do espanhol, as crianças foram alfabetizadas em cada um dos idiomas dos povos originários presentes na Bolívia. Outro programa importante foi a bolsa "Juana Azurduy" (heroína militar local que atuou nas lutas para a independência das colônias espanholas), pago a mulheres grávidas ou com filhos pequenos.

Evo promoveu aposentadorias e pensões aos trabalhadores idosos (com o programa "Renta Dignidad") e aos mais pobres, abrangendo sobretudo as populações indígenas e camponesas, antes desprovidas de direitos sociais. De excluídos, os segmentos mais pobres passaram à condição de cidadania, portanto, reconhecidos pelo Estado. Tratou-se de governo com caráter inclusivo que difundiu práticas de saúde pública aos povos e locais antes desprovidos desses benefícios, ao lado do resgate dos conhecimentos tradicionais milenares medicinais usados pelos povos indígenas. Evo ordenou a saída da Bolívia de ONGs com interesses suspeitos, da Agência antidrogas, que possuía seu escritório dentro do palácio do governo, o Palácio

Quemado, entre outros departamentos tutelados pelos EUA nas gestões anteriores e acusadas de abrigar membros da CIA, exercer o controle sobre as riquezas naturais, meios e redes de comunicação, como a internet e telefonia e promover conspirações contra os interesses nacionais. A Agência Antidrogas, este posto avançado norte-americana no território boliviano, é acusada de ter sido responsável por planejar e executar no passado massacres aos camponeses cocaleiros com a ideológica guerra contra o narcotráfico.

Evo foi responsável pelo maior índice de redução da pobreza na América Latina, passando de 63% para 35% da população ao longo de seus três mandatos, segundo o Banco Mundial (2018). Stella Calloni ainda demostra que o crescimento médio do PIB boliviano esteve em média, entre os anos de 2006 a 2019, na ordem de 4,9%, apesar da crise econômica dos EUA em 2008 e da estagnação econômica da região sul-americana na década de 2010. Evo promoveu o controle da inflação, conduzindo à inclusão e justiça social. Calloni menciona a consultora da *Oxford Economics*, segundo a qual "[...] o maior acerto do governo foi de um crescimento inclusivo que permitiu melhorar o acesso a oportunidades nas áreas de saúde e educação" (Calloni, 2020, p. 13). Esse ciclo de desenvolvimento inclusivo é denominado como "milagre econômico boliviano", iniciado em 2006.

Os recursos financeiros que permitiram essas potentes transformações sociais têm origem no controle econômico de estatais (antes empresas privatizadas) e venda de *commodities* para países estrangeiros. Em outros termos, Evo Morales promoveu políticas de distribuição de renda sustentadas nas exportações, sobretudo de óleo e gás aos países vizinhos e para outros continentes. O governo de Evo buscou recuperar as riquezas por meio de nacionalizações de empresas privatizadas nas décadas de 1990 quando da implementação do neoliberalismo. O modelo boliviano não excluiu totalmente a participação de empresas privadas no setor energético, senão passou a cobrar maiores taxas e impostos sobre exportações, lucros e dividendos. Parte da gestão dos recursos financeiros e da organização de empresas antes privadas passaram às mãos do Estado boliviano. Contratos foram renegociados por meio da empresa estatal "Yacimientos Petrolíferos Fiscales Bolivianos" para que houvesse a permanência da participação estrangeira na exploração de jazidas de riquezas naturais. Evo deu origem ao que hoje é denominado como "economia plural" que aliou, além de setores de óleo e gás, a presença e entrada de marcas estrangeiras ao país nos setores de serviço e consumo (alimentação e entretenimento, principalmente), assim como segmentos tradicionais indígenas com a produção de bens agrícolas e vestuário. Evo promoveu a partir de 2006 um amplo programa de reforma-agrária, que procurou distribuir cerca de 20% do território aos camponeses no prazo de cinco anos. O controle dos recursos nacionais e a dinamização dos setores agrícolas e de consumo foram peças-chave para o crescimento econômico boliviano e seu processo de inclusão social.

Quanto às questões ambientais relacionadas ao desenvolvimento econômico na Bolívia, é importante nos referirmos ao conceito de ecossocialismo empregado pelo pensador

Michel Löwy na obra *O que é o Ecossocialismo?* (2014). Löwy compreende que o ecossocialismo expressa a defesa da terra, dos rios e florestas contra a ação predatória de indústrias e do agronegócio que atuam em nome de obtenção de lucros, desconsiderando os impactos ambientais e culturais. Um dos exemplos citados por Löwy refere-se à participação de indígenas na Conferência de Cochabamba em Defesa da Mãe Terra e contra a Mudança Climática em 2010. No ano anterior, na ONU, Evo defendeu o direito ambiental, acusando a existência da dívida climática, em relação a Pachamama, dos países imperialistas e mais desenvolvidos a partir do modelo predatório de produção capitalista, tornando-se um dos governos mais proeminentes na defesa do ecossocialismo. Löwy observa que as práticas indígenas exemplificam o modelo econômico-ambiental definido como ecossocialismo. Há séculos, o modelo de produção indígena promove altos níveis de produtividade ao lado da proteção ambiental. O exercício do direito às terras indígenas refere-se à relação harmônica com ela, gerando bem coletivo por meio da produção do que é preciso à qualidade de vida. Na Conferência de Cochabamba, os indígenas criticaram leis que barraram as intenções meramente lucrativas de multinacionais que puseram em risco o meio ambiente, redes rios e as florestas, e propuseram e aprovaram nova legislação em nome da manutenção das culturas tradicionais locais.

Opositores de Evo Morales, geralmente liberais, médios e grandes empresários e segmentos de profissionais liberais concentrados sobretudo em Santa Cruz de la Sierra, La Paz e Cochabamba, buscaram na década de 2010 criticar as políticas econômicas e ambientais aplicadas. As críticas econômicas giravam em torno do argumento do aumento dos gastos públicos para a manutenção dos programas sociais e seus respectivos déficits. Grandes ruralistas foram contra a reforma agrária e ameaçavam constituir milícias para proteger suas propriedades contra o projeto de desapropriação ou reforma agrária. Sobre o meio ambiente, denunciavam o suposto ecocídio promovido pelo governo de Evo, o qual permitiu a queimada controlada e autorizada de terras (em torno de 5 a 20 hectares) para ampliação da produção agrícola. No entanto, seja por falta de maior fiscalização ou de agricultores opositores, as queimadas fugiram ao controle ou foram provocadas de forma proposital para gerar instabilidade ao governo, sobretudo às vésperas do que veio a ser o golpe em 2019. Outras críticas da direita e dos liberais bolivianos dizem respeito à aproximação de Evo aos governos venezuelanos (Hugo Chávez e Nicolás Maduro) e o cubano (Fidel e Raúl Castro).

Seis meses após o início de seu mandato em 2006, Evo Morales empenhou-se na realização de uma de suas promessas de campanha e do programa de governo elaborado pelo MAS, a convocação de uma assembleia nacional constituinte, cujo dever seria redigir uma nova Constituição ao país. Seu objetivo era dar sustentação jurídica ao processo de descolonização e, ao mesmo tempo permite-nos dizer que oferecia ao seu governo e ao país características decoloniais. Desde a convocação da constituinte, Evo anunciava a intenção de incluir os indígenas na legislação, assim como devolver terras e as riquezas naturais aos bolivianos, reformular o papel do

Estado e da Assembleia Nacional. Entre as mudanças havia a necessidade de rever a questão do plantio da folha de coca e promover as nacionalizações de setores estratégicos, como a indústria de óleo, gás e telefonia. Após alcançar a formação de uma maioria com a eleição dos deputados constituintes em 2006, Evo passava a abrir caminho para a refundação do Estado boliviano em suas bases econômicas e políticas a partir dos anseios e tradições oriundos dos povos indígenas.

A declaração de um Estado Plurinacional na Constituição foi um marco simbólico dos mais relevantes. A base jurídica para consolidação de um Estado Plurinacional diz respeito ao reconhecimento não somente da existência e participação política dos diferentes grupos étnicos ou sociedades originárias na Bolívia. O conceito procura abranger a democracia participativa desses grupos, ou seja, a reelaboração da Constituição passaria a permitir modelos institucionais em que se leva em conta as bases culturais e regionais por meio da participação direta dos cidadãos em órgãos oficiais populares que permitam o direcionamento de recursos e políticas aos anseios formulados pela sociedade. Entende-se como democracia participativa, segundo Carole Pateman no seu livro *Participação e teoria democrática* (1970), a criação de instrumentos de participação política dos cidadãos, a fim de que possam contribuir, sugerir ou decidir quais são as políticas a serem adotadas; a democracia participativa envolve a melhor forma de aplicação do orçamento público e direcionamento ao que é considerado prioridade através de instâncias consultivas, de modo a estabelecer a participação do povo na administração pública. A democracia participativa visa se opor ao elitismo democrático, dominado por oligarquias políticas que representam os interesses das classes economicamente dominantes, por meio de partidos e sistemas políticos que são competitivos apenas na aparência, além de possuírem hegemonia nos resultados das eleições. As oligarquias acabam por tomar conta do aparelho de Estado, de modo a produzir a manutenção de privilégios de sua classe. Contra o elitismo democrático, no qual a relação entre Estado e sociedade é hierarquicamente vertical e alija a participação popular do funcionamento e organização do governo, a democracia representativa, ao contrário, visa permitir a horizontalização das relações políticas ao criar ou ampliar os campos institucionais de colaboração direta dos grupos que constituem a sociedade para realização de políticas da gestão do Estado e na participação dos governos eleitos.

> O Estado Plurinacional Comunitário é uma articulação entre liberalismo republicano como sistema e forma de governo de transição do Estado unitário a um Estado composto com autonomias territoriais, dos povos e nações indígenas originários camponeses como sujeitos de direitos que são parte da estrutura dos direitos constitucionais, do rol estratégico do Estado e dos recursos naturais [...]. A nação boliviana constitucionalmente se assume a partir de três características e feitos históricos: I) por nascer em território boliviano; II) dos povos e nações indígenas originários camponeses e; III) dos povos e culturas que se organizam, produto da invasão espanhola, da exploração e das migrações internas; comunidades afrobolivianas e

interculturais, o conjunto constitui o povo boliviano [...]. O Estado Plurinacional adota para seu sistema de governo a República (Divisão de Poderes [...]), sua forma de governo é a democracia: I direta e participativa, que se constitui em: referendo, iniciativa legislativa cidadã, reconvocatória do mandato, as assembleias, prefeitos e a consulta prévia – aos povos indígenas originários camponeses para a exploração de seus recursos não renováveis; II Representativa que se constitui em: eleição de representantes por meio do voto universal; e III Comunitária que se constitui em: eleição, designação de autoridades e representantes por normas e procedimentos próprios das nações e povos indígenas originários camponeses [...] (Miranda, 2020, p. 80-81).

Evo mostrou-se muito estratégico no processo de consolidação da nova Constituição. Primeiro, em julho de 2006 e recém-eleito aproveita sua popularidade para convocar o povo e fazer eleger deputados constituintes. O MAS e partidos aliados conquistam a supremacia numérica em relação aos 255 constituintes. O texto foi aprovado em dezembro de 2007, passou por uma série de revisões e debates até outubro de 2008. Além disso, estava prevista a consulta popular por meio de referendo para aprovação do documento.

Para convocar o referendo, Evo empregou sua habilidade política para fortalecer a legitimidade de todo o processo. Quando assumiu a presidência em 2006 se comprometeu em criar o chamado "referendo revogatório". Na prática, trata-se de uma prática para medir a aprovação popular e manutenção do governo, caso contrário, presidente, governadores e seus

O GOLPE DE 2019 NA BOLÍVIA

vices convocam novas eleições e perdem seus cargos. Ainda durante o exercício do mandato presidencial, o presidente e os governadores devem consultar a população para dar ou não continuidade aos seus governos. Evo promoveu o "referendo revogatório" com dupla vitória. Obteve no dia 10 de agosto de 2008 67,4% de aprovação, enquanto dois governadores opositores liberais que administravam regiões bolivianas perderam seus cargos. Horas após a divulgação do relevante resultado pelo Tribunal Supremo Eleitoral (TSE), Evo convoca à população para aprovação da nova Constituição, agendada para 25 de janeiro de 2009.

A nova Constituição foi aprovada com mais um resultado incontestável, tendo 61,43% de aprovação contra 38,53% e com participação expressiva de 90% da população apta ao exercício do voto. Em fevereiro de 2009 em La Paz, com o comparecimento dos movimentos sociais, camponeses e indígenas, foi promulgada a nova Constituição. Morales discursou descrevendo aquele dia como um dia histórico. Tratava-se de uma transição pacífica e democrática, na qual a Bolívia deixava de ser um Estado neocolonial em direção ao Estado decolonial, plurinacional com participação popular e adoção de uma nova bandeira oficial, a Wiphala (mantendo em vigor a anterior). Com suas sete cores representa a diversidade étnica e a filosofia andina. A simétrica bandeira tem como função expressar o símbolo da igualdade entre os povos da Bolívia. Segundo Jamile Nunes em artigo publicado no site Jornalistas Livres com o título *Bolívia: o que é e o que representa a bandeira Wiphala* (23/11/2019), suas cores representam, respectivamente:

o branco – o tempo e o espaço, a história cíclica; o amarelo – força e energia que unem todas as formas de existência; o laranja – a sociedade, a formação, educação e prática da expressão cultural, o vermelho – a Mãe Terra, o mundo material e visível; o violeta – a ideologia andina de comunidade e harmonia com tudo o que existe; o azul – os fenômenos naturais, os espíritos e a energia cósmica; o verde – a produção andina e as riquezas naturais, da superfície e do subsolo; A Whipala também é uma fração da Chakana, vulgo cruz andina, também quadrada. Esta última, representa pontos cardeais, deuses e o mundo inferior, o mundo do meio e o mundo superior [...] A Whipala se consolidou como uma bandeira nos anos 70, durante mobilizações campesinas para resgatar a identidade política dos Aimaras. O primeiro registro de alguém a utilizando dessa forma, segundo o historiador Gérman Choquehuanca, aconteceu em 1899, com o líder indígena Zárate Villca, durante uma rebelião da Guerra Federal. É provável que "Wiphala" derive etimologicamente de duas outras palavras aimaras: "Whipay", exclamação de triunfo, e "Laphaqui", que significa fluir com o vento. A bandeira foi tomada como símbolo oficial da Bolívia durante o primeiro mandato de Evo Morales, em 2009. Por isso, ela figurava oficialmente ao lado da bandeira do país, inclusive em uniformes oficiais da polícia local. Uma das formas da polícia boliviana de demonstrar seu posicionamento a favor do golpe foi removendo a Whipala dos seus uniformes, enquanto outros manifestantes de direita atearam fogo nela (Nunes, 2019).

César Navarro Miranda (2021) aprofunda em suas reflexões as principais transformações promovidas pela nova Constituição. A nova legislação deu mais legitimidade aos antes decretos de Evo, feitos ainda sob a Constituição anterior. Agora, nacionalizações, direitos sociais e o povo no poder não seriam mais apenas decretos que poderiam ser revogados a qualquer momento por um próximo governo avesso a essas medidas. A nova Constituição transforma essas políticas em elementos fundantes do novo Estado boliviano, causas pétreas do Estado Plurinacional.

Vejamos alguns de seus outros elementos. O documento representou uma nova arquitetura do Estado, fornecendo mais autonomia às diferentes regiões do país, reconhecendo, portanto, o federalismo. A aplicação do federativismo, na prática, permitiu maior participação popular, como vimos, no exercício da democracia representativa. Este aspecto trará grande contradição. Se o federalismo forneceu mais autonomia e participação política aos povos tradicionais historicamente apartados do sistema e das instituições do Estado, sobretudo nas regiões mais pobres, por outro, deu à oposição rica, de matriz europeia e nas regiões mais desenvolvidas maior autonomia para, inclusive, conspirar contra Evo. Entre estas regiões estavam Santa Cruz, Tarija, Pando, Beni e Chuquisaca e alguns setores de Cochabamba e Sucre. A divisão das cadeiras nas Assembleias das regiões e da Federação criou um mecanismo no qual a minoria necessariamente e independentemente da quantidade de votos obtidos nas eleições deve possuir 1/3 de participação de congressistas com a ocupação de cadeiras. Sendo assim, as áreas mais elitizadas teriam participação mínima popular e as

OS MANDATOS DECOLONIAIS DE EVO MORALES

regiões mais populares e pobres de forma inversamente pro-porcional permitiram que as elites tivessem uma cota mínima de participação.

Embora aparente ser uma estrutura democrática impor-tante, foi por meio da autonomia das regiões mais ricas que se promoveu crescente processo violento de oposição das oli-garquias contra Evo Morales ao longo de seus três mandatos. César Miranda descreve que esta oposição esteve carregada de preconceitos regionais ou mesmo racismo direcionado aos camponeses e indígenas. Simbolicamente, referia-se à tensão entre culturas indígenas tradicionais em oposição aos valores coloniais da população de matriz europeia ou simpatizante dela.

A região chamada como "Meia Lua", que abarca as ci-dades de Santa Cruz de la Sierra, Pando e Beni, dominadas por empresários e suas organizações, foram os locais de ges-tação de várias tentativas de golpes de Estado durante os anos de governo de Evo Morales por meio dos "Comitês Cívicos". Não representavam mais os golpes militares comuns e explí-citos no século anterior, legitimados pelos EUA no passado, sobretudo devido ao contexto de Guerra Fria. Trata-se dos chamados "golpes suaves", operados por civis que buscam de toda forma gerar instabilidade aos governos que destoam dos interesses imperialistas norte-americanos em aliança com as oligarquias bolivianas. Em agosto e setembro de 2008, por exemplo, as elites dessas cidades promoveram atos em desacor-do com a legitimidade da Assembleia Nacional Constituinte e contra a ampla aprovação de Evo no referendo revogatório. Houve o bloqueio de estradas; proclamavam a desobediência cívica; realizavam ameaças de ataques terroristas às instalações de petróleo e gás; procuraram a convocação da participação de militares para pôr fim ao governo; usavam termos racistas para desqualificar a política, o governo e os adeptos de Evo; criaram grupos paramilitares, sobretudo em Pando e em Beni houve perseguição e massacre de camponeses que se dirigiam à região para manifestações favoráveis a Morales e contra as elites locais.

A utilização de meios de comunicação com jornalistas orientados a atacar as políticas sociais de Evo; comentários preconceituosos em cadeia nacional contra sua administração e os povos indígenas; a distorção de dados econômicos e sociais; falsas acusações sobre filhos ilegítimos, vida privada e relações com governos de esquerda na América Latina foram comuns no período de seus governos. A intenção foi prejudicar a imagem de Evo por meio de um confronto simbólico que revelava a perda do poder político das oligarquias políticas e econômicas bolivianas submissas aos interesses imperialistas norte-americanos.

Em 2009, as oligarquias bolivianas planejaram a captura ou a morte de Evo e seu vice-presidente, Álvaro Garcia Linera, entre outros ministros e componentes do governo por meio de mercenários e paramilitares estrangeiros. A polícia boliviana entrou em confronto com troca de tiros na cidade de Santa Cruz de la Sierra com os mercenários que estavam fortemente armados para a realização do magnicídio, levando-os à morte ou à prisão. Foi descoberto pelas autoridades que os mercenários haviam se reunido com empresários opositores ligados aos negócios dos EUA em território boliviano. Evo condenou a participação norte-americana e de seu governo anterior presidido por George W. Bush diante de Barack Obama na *V Conferência das Américas* realizada em Trinidad Tobago em 2009. Obama, por sua vez, condenou a tentativa de atentado.

A direita liberal boliviana passou nos anos seguintes a diversificar os métodos que caracterizam os chamados golpes suaves, apesar da violênciado último evento. Uma das estratégias foi a cooptação de parte do movimento indígena. Foi o que ocorreu nos anos de 2010 e 2011 com o que Stella Calloni (2020, p. 50) afirma ser uma suposta rebelião indígena. O ocorrido foi motivado por uma marcha das comunidades do Território Indígena Parque Nacional (Isiboro Secure – TIPINS) quando o chanceler boliviano David Choquehuanca foi sequestrado ao tentar negociar com os manifestantes. Houve confronto violento entre a polícia e os manifestantes, o que chamou atenção da opinião pública. Ao que tudo indica, tratou-se de um massacre previsto e orquestrado pelas elites. Primeiro, pelo fato de Evo, desde sua posse em 2006, ter proibido o uso de armas letais e atitudes violentas utilizadas contra manifestantes indígenas. Segundo, as oligarquias bolivianas procuravam novas lideranças políticas para fazer oposição a Evo, retirando-lhe a centralidade das pautas indígenas de suas mãos. Terceiro, o confronto resultaria no desgaste da imagem de Evo perante a opinião pública.

Em junho de 2012 ocorreu nova tentativa de golpe em função de supostas reivindicações salariais de policiais. Vale dizer que na entrevista concedida ao nosso livro, em fevereiro de 2022 assim como nas obras já citadas de César Miranda e Stella Calloni, Evo orgulhava-se por ter democratizado o acesso à carreira militar, seja pelos seus cargos ou salários. Em nossa entrevista comentou que no passado os policiais reprimiam com severidade as populações tradicionais no seu país. Evo afirmou que procurou dar condições para uma reforma no sistema de incorporação de indígenas e seus descendentes na categoria, assim como aumento considerável dos salários. Ainda assim, policiais cooptados pelas elites bolivianas, com os rostos cobertos por máscaras, invadiram a cidade de La Paz para depor o governo, enquanto ele se encontrava numa cúpula climática no Rio de Janeiro. Outra acusação comum feita pelas elites a Evo Morales é de sua participação direta ou indireta com o narcotráfico. Como vimos, a folha de coca possui produção artesanal e consumo tradicional, sobretudo por meio de chá ou quando se masca a folha com fins medicinais. Essa acusação diz respeito muito mais à falta de conhecimento das elites sobre as populações indígenas e a tentativa de desestabilizar o governo de Evo, do que necessariamente à intenção de combater o tráfico de drogas.

Em agosto de 2016 ocorreu o assassinato do vice-ministro do Interior da Bolívia, Rodolfo Illanes. Mineradores cooptados pelas elites bloquearam estradas e promoveram greves e protestos violentos. O motivo estava relacionado à queda do valor das *commodities* no mercado internacional. O setor de mineração é controlado pelos setores patronais, portanto, as oligarquias que buscavam reduzir direitos dos trabalhadores e os convenciam com a falsa ideia de que a flexibilização do trabalho e a redução ou anulação das intervenções estatais no setor seriam as soluções para melhores salários. Tratava-se, mais uma vez, do ilusório ideário neoliberal, proveitoso para os empresários e degradante para as classes trabalhadoras. Como dissemos, Evo havia proibido repressões policiais e o uso de armas de fogo contra manifestantes. No entanto, acredita-se, conforme aponta Stella Calloni (2020, p. 62) que havia influência e agentes secretos da CIA infiltrados nas ações policiais que agiram com truculência levando à morte de quatro mineradores. O vice-ministro foi convocado para apaziguar e negociar a situação com os manifestantes, porém foi sequestrado, torturado por mais de seis horas e morto a golpes na região de Panduro, cerca de 180 quilômetros de La Paz. Todos esses eventos foram gestacionais para o golpe que viria ocorrer em novembro de 2019, quando Evo disputava a eleição para o seu quarto mandato presidencial.

CAPÍTULO 06

AS POLÊMICAS DAS ELEIÇÕES PARA O QUARTO MANDATO DE EVO

Quando vencedor pela primeira vez em 2005 para o exercício da presidência entre 2006 e 2009, Evo Morales havia sido eleito sob a Constituição anterior. Com a criação de uma nova Constituição em 2009, o primeiro mandato, conforme decisões eleitorais-judiciais da Bolívia, não seria contabilizado pela nova Constituição, a qual previa inclusive a possibilidade de reeleição futura. No início de 2009, conforme vimos, Evo fez aprovar sob referendo popular uma nova Constituição. No mesmo ano, com a vigência de um Estado refundado e com inédito texto constitucional, Evo foi eleito mais uma vez presidente para o exercício de 2009 a 2014 (primeiro mandato sob o novo documento constitucional, na prática a segunda vitória nas eleições, caso consideremos a Constituição anterior). Porém, do ponto de vista jurídico, a transição de uma Constituição a outra fez com que as instâncias legais superiores da Bolívia considerassem o primeiro mandato (2006 – 2009) atrelado à Constituição já não mais vigente. A nova Constituição que aprovada em 2009 (meses antes do pleito presidencial daquele ano) permitia que Evo fosse novamente candidato, sem a contabilização do seu primeiro mandato. Aqui começam a aflorar alguns problemas de ordem institucional que foram determinantes para o golpe de 2019. Em 2014, quando Evo concorreu e venceu mais uma vez, decidiu-se que, embora fosse na prática seu terceiro mandato (2014 – 2019), deveria ser reconhecido como o segundo sob nova Constituição, o que abriu margem para o seu terceiro mandato (ou segundo na nova Constituição).

Evo Morales no ano de 2016 procurou articular o quarto mandato. Para tanto, buscou desde aquele ano a aprovação no Congresso de mecanismo que o permitisse concorrer mais uma vez (a terceira sob a nova Constituição, na prática, a quarta eleição). O parlamento ou a Assembleia Legislativa Plurinacional é constituída por duas casas. O Senado, historicamente com a velha e a nova Constituição, foi em parte tomado pelas elites bolivianas que impediam a mudança constitucional e, portanto, negaram mais um mandato de Evo; enquanto a Câmara dos Deputados possui a maioria constituída a partir de movimentos sociais e representantes dos povos originários. Como se vê, o projeto para um terceiro mandato foi aprovado entre os deputados, porém negado pelos senadores. Diante desse cenário, Evo Morales propôs mais uma consulta pública e popular para o dia 21 de fevereiro de 2016, conhecido com

AS POLÊMICAS DAS ELEIÇÕES PARA O QUARTO MANDATO DE EVO

o nome *21F*, que se baseava no Referendo Constitucional que poderia autorizar o seu quarto mandato. Vários fatores contribuíram para a inédita derrota de Evo, com 51,3% negando sua nova candidatura. Vejamos alguns dos motivos.

O mais impactante sobre a opinião pública boliviana foi a difusão de uma *fake news* que surgiu no dia 3 de fevereiro de 2018. Criou-se a falsa informação conhecida como "caso Zapata", noticiada por vários meios de comunicação de forma incessante e sensacionalista, que dava conta de que um menino chamado Ernesto Fidel Morales Zapata, nascido em 2007, teria como pai Evo Morales a partir de seu relacionamento com Gabriela Zapata. O nome era sugestivo. Ernesto em referência ao revolucionário argentino e comunista, Che Guevara; Fidel Castro em homenagem ao líder histórico cubano. Stella Calloni narra com detalhes os acontecimentos e os efeitos dessa falsa notícia sobre o 21F, ou seja, o referendo direcionado à aprovação ou não do quarto mandato de Evo Morales. A autora destaca a interferência norte-americana sobre a invenção dessa curiosa história e sua difusão nos meios de comunicação bolivianos:

> A primeira reação de Evo foi dar-se por consciente de sua suposta paternidade, e solicitando mais informações. Foi lhe dito primeiro que esteve vivo e logo havia morrido dois anos depois de ter nascido. Morales inclusive ofereceu seu DNA, mas Zapata não aceitou já que na realidade o menino jamais havia nascido, como nunca se comprovou. No artigo "Geopolítica da Mentira" (publicado pelo jornal Época da Bolívia), o jornalista Katu Arkonada analisou este intento de desacreditação e golpismo contra Morales. O golpe

O golpe de 2019 na Bolívia

midiático efetuado contra o processo de mudança "contou com os mesmos dois ingredientes principais, a ingerência norte-americana e a manipulação por parte do 'Cartel da Mentira', um conjunto de meios de oposição que têm complementado suas ações nas etapas decisivas do golpe, nas semanas prévias ao referendo constitucional para a repostulação do atual presidente", relata Arkonda [...] Este cartel opositor está constituído pelos jornais *Pagina Siete* e *El Deber*, a agência de notícias *Fides* (AFN), e a rede de rádios Erbol. Tanto ANF como Erbol são empresas da Igreja Católica, proprietária de mais de uma centena de meios de comunicação escritos, rádios e televisão nas capitais das cidades da Bolívia [...]. "No início de 2016, Morales sustentou que havia sido dito que teve um filho com [Gabriela] Zapata, que o menor nasceu em 2007, mas faleceu pouco depois", no entanto, por outro lado, Zapata insistia que estava vivo, motivo que fez Evo disponibilizar uma prova com seu DNA, exigindo sua paternidade [...] Zapata não aceitou [...]. Até agora ninguém sabe se Gabriela Zapata atuou voluntariamente ou baixo pressão quando se converteu na suposta mãe de um menino que nunca existiu. Ela teria sido simpatizante do processo de mudança de Evo e logo converteu-se "em lobista no interior de uma rede criminosa para tratar de ganhar contratos multimilionários que a permitiram cobrar uma comissão, como denunciou o próprio ministro da Presidência nesses momentos, Juan Ramón Quintana", sustenta Arkonda [...]. No 11 de maio, o Juizado segundo a Infância e Adolescência de La Paz emitiu uma resolução (Nº135/2016) em forma de sentença que determina a "inexistência física comprovada de Fidel Morales Zapata", sublinhando a "convicção [...] que o tão reiterado mencionado menino não existe fisicamente" (Calloni, 2020 p. 54-60).

Durante cerca de cem dias essa *fake news* circulou nos principais meios de comunicação dominado pelas elites, até que sua falta de provas promoveu o gradativo sumiço dos holofotes, após o 21F e a derrota de Evo no referendo. Outros fatores importantes para a derrota de Evo foram as novas estratégias das elites conservadoras numa América do Sul que já não possuía a mesma hegemonia das esquerdas como na década passada. No Paraguai, Lugo foi deposto por um *impeachment* relâmpago operado pelo Congresso, considerado golpe parlamentar. Cristina Kirchner, na Argentina, estava sujeita às práticas de *lawfare*, assim como Dilma em 2016 no Brasil com seu processo de *impeachment* (mais um golpe parlamentar) e futuramente Lula, preso pelo ex-juiz Sérgio Moro em 2018. São os "golpes suaves". Na Bolívia, o clima golpista foi se acentuando ao longo dos três mandatos de Evo. A derrota no 21F e seu suposto filho alimentavam uma tendência, aliás, crescente na América Latina, que é a ascensão, ou ao menos a pretensão, dos evangélicos ao poder. Uma das estratégias sugeridas pelo renomado intelectual conservador norte-americano, Gene Sharp, para derrubar governos avessos aos interesses dos EUA pelo mundo era a aliança do capital ou as elites econômicas com grupos ultraconservadores. No Brasil e na Bolívia, esse processo se tornou mais nítido, seja com a derrocada do PT de Lula e Dilma ou de Evo com os ataques midiáticos e de grupos religiosos (algumas alas retrógradas dos católicos e fundamentalistas evangélicos). Com o crescente conservadorismo que domina os meios de comunicação tradicionais e as redes sociais, notícias falsas passaram a fazer parte do imaginário político, fazendo com que os movimentos de esquerda passassem a ser associados ao satanismo por colocar em risco a pátria, a família e a propriedade. No caso de Evo, a notícia do suposto filho contaminou os religiosos de tal modo que a notícia da criança abalou a confiança de parte da população em relação à sua imagem. As crenças e tradições indígenas sofreram impactos diante das críticas de religiosos evangélicos fundamentalistas, cada vez em maior número na Bolívia, que associavam as visões de mundo dos povos originários às dimensões pagãs e vinculadas ao que supunham ser manifestações do anticristo.

Outro fator discutido por César Miranda (2021) e que conduziu à derrota no 21F foi a crescente burocratização do MAS desde que chegou ao poder em 2006. Miranda observa o gradual distanciamento do governo em relação aos movimentos sociais e uma certa elitização dos representantes. A partir disso, pode-se afirmar que esse distanciamento abriu flancos nas disputas simbólicas e políticas para que os movimento neoconservadores, liderados por grupos religiosos fundamentalistas, ganhassem espaços e poder de influência sobre parte do eleitorado, angariando o crescimento da contestação ao governo de Evo e a associação de sua imagem a um ditador que procurava perpetuar seu domínio sobre o Estado boliviano. EsSe argumento pode soar hipócrita quando vemos sucessivas reeleições ou prorrogação de governos parlamentares e presidenciais na Europa, como foi o caso dos longos governos de

Margaret Thatcher (1979 – 1990) na Inglaterra; Jacques Chirac (1995 – 2007) e François Mitterrand (1981 – 1995) na França; ou Angela Merkel (2005 – 2021) na Alemanha, sem que a imprensa internacional ou latino-americana criasse qualquer alarde. A derrota no 21F representava o sintoma de que, mesmo entre os mais pobres, disseminava-se um governo que procurava aparelhar o Estado, negar os princípios liberais econômicos e políticos, e sobretudo carregava os valores tradicionais de povos indígenas considerados pagãos pelos conservadores.

Mais um importante aspecto é o contexto econômico referente ao avanço tecnológico, mais especificamente ao lítio e outros elementos que compõem a nascente Quarta Revolução Industrial. O lítio é fundamental para a fabricação de baterias elétricas direcionado a equipamentos eletrônicos e automóveis. A esse respeito, Evo Morales em nossa entrevista se referiu ao seu temor de que com a gradual saída das tropas norte-americanas do Iraque e Afeganistão, concluída em 2021, os EUA procurassem direcionar a produção e o material bélico em novas zonas de interesse, como a América do Sul, em especial a Bolívia, por possuir uma das maiores reservas de lítio do mundo. Evo relatou que esse material, além de ser importante para o desenvolvimento tecnológico, aumentou o interesse dos EUA para desestabilizar seu governo. Morales referiu-se a sua intenção de criar uma empresa estatal responsável pela extração e processamento do lítio, tendo realizado inúmeras negociações com sul-coreanos, alemães, japoneses e chineses.

É interessante mencionar que em 24 de julho de 2020 o bilionário Elon Musk declarou o seguinte na sua conta de sua futura rede social (o Twitter, adquirido em 2022; no ano seguinte a empresa passou a se chamar "X") e em resposta a um questionamento sobre o suposto apoio ao golpe contra Evo Morales: "Vamos dar golpe em quem quisermos! Lide com isso" (Musk, 2020, documento eletrônico). Durante o governo Trump as pressões e tentativas de intervenção dos EUA foram ampliadas na Bolívia. Na década de 2010, conforme aponta César Miranda (2021, p. 316-317), Evo Morales buscou tecer parcerias com empresas alemãs para o desenvolvimento da indústria do lítio em seu país, o que garantiria a soberania sobre o material nos processos de extração e processamento. A imprensa conservadora boliviana adotou momentaneamente comportamento nacionalista, fornecendo informações falsas de que Evo buscava se submeter aos interesses internacionais com a questão envolvendo o lítio, entregando essa riqueza aos alemães. Na verdade, o que Evo buscava, assim como o fez nos seus processos de nacionalização nos mandatos anteriores, era incorporar tecnologia estrangeira (que a Bolívia não tinha) para desenvolver a indústria do lítio por meio de uma parceria com os alemães. É evidente que a imprensa pretensamente nacionalista, mas na essência neoliberal e exercendo a colonialidade norte-americana, realizava falso discurso contra a parceria, quando na verdade visava prejudicar o acordo para que o governo cedesse às pressões dos EUA para simples exportação do material, mantendo a Bolívia apenas como provedora de commodities e não responsável por incorporar valor agregado à produção, ou seja, desenvolver tecnologias a partir dela. Trata-se de mais um estratagema dos aparelhos ideológicos empregados pela oposição boliviana contra o governo de Evo Morales. Após as pressões da opinião pública boliviana e visando seu quarto mandato, Evo retrocedeu em relação ao acordo. Em janeiro de 2023, o presidente Luis Arce, apoiado por Morales, fechou um acordo mais vantajoso à Bolívia junto ao governo da China, garantindo sua soberania sobre a instalação da indústria do lítio.

Com a derrota no 21F, Morales procurou um último mecanismo, determinante para a busca de seu quarto mandato e crucial para o movimento golpista que o retirou do poder em novembro de 2019. Evo recorreu em 2017 ao Tribunal Supremo Eleitoral (TSE) e ao Tribunal Constitucional Plurinacional (TCP), que no dia 04 de dezembro de 2018 o autorizaram a participar da disputa das eleições que ocorreriam em outubro do ano seguinte. Foi permitido a Evo concorrer em nome de seu quarto mandato presidencial ou mesmo de forma indefinida. O argumento utilizado pela corte gerou polêmicas entre os juristas e críticas nos meios de comunicação. Os tribunais autorizaram que Evo e seu vice, Álvaro Linera, pudessem participar das prévias do MAS, a fim de que fossem candidatos às eleições presidenciais no final de 2019. Os tribunais decidiram por resolução que se tratava de um direito humano. Na realidade, o MAS ao conduzir a solicitação ao tribunal, argumentava que entre os direitos humanos estão os direitos políticos, isto é, a participação nos processos eleitorais. O argumento recorria ao fato de que a Constituição boliviana reconhece os direitos políticos a partir da Convenção Americana de Direitos Humanos (conhecido como Pacto de San Jose de 1969), de modo que este direito deveria ser considerado superior ao limite de mandatos impostos pela Constituição e, portanto, em acordo com a Convenção da qual a Bolívia é signatária. Além disso, o tribunal justificou a decisão afirmando que todos os demais políticos que concorrem a outros cargos podem ter o mesmo direito. Os críticos de Evo revelavam que se tratava de uma manobra antidemocrática contrária à decisão popular no 21F. Os defensores justificavam a decisão judicial afirmando que a última instância decisória é o Tribunal Constitucional, de modo que a participação de Evo Morales para a disputa de um quarto mandato seria legal. Esse embate nos leva a dois paradoxos: 1) embora legais, certas reformas políticas ou constitucionais pontuais, como a autorização de um quarto mandato pelo Tribunal Supremo Eleitoral, podem ser tomadas como antidemocráticas sobretudo pelos detentores do poder econômico ou das elites, desestabilizando a política; e 2) a importante democratização e os progressos sociais, políticos e econômicos da Bolívia com a fundação do seu Estado Plurinacional não foram suficientes para convencer a opinião pública para dar prosseguimento ao novo mandato de Evo.

Nesse último caso, esses avanços da sociedade podem ser barrados por decisões tomadas contra a vontade da maioria no 21F, ainda que com manipulação da opinião pública devido ao sensacionalismo da falsa notícia de um filho inexistente de Evo? O 21F prenunciava o que estava por vir, um verdadeiro vale-tudo, conduzindo a uma profunda crise política e jurídico-institucional que passaram, por um lado, a justificar as ações golpistas da oposição e, por outro, a tentativa de manutenção do poder por Evo com seus apoiadores.

A alternância de poder é a grande questão desse embate em torno do 21F e sobre a sentença do Tribunal Superior Eleitoral. Certamente, a campanha difamatória feita pela oposição dias antes do 21F incentivou Evo Morales e seus apoiadores a considerar o resultado do referendo injusto e, como consequência, recorrer ao referido tribunal. Devemos recordar de Nicos Poulantzas e sua obra da década de 1970, *O Estado, o poder e o Socialismo*, segundo o qual as elites econômicas toleram o regime democrático e a participação de partidos de esquerda até o limite em que seus interesses não sejam afetados. A partir disso, farão o possível para derrubar os governos de esquerda por meio dos aparelhos ideológicos de Estado, passando pelos meios de comunicação até a violência militar. No século XXI, vemos ainda como esses aparelhos ideológicos operam com a intenção de derrubar governos, entre eles o emprego das *fake news*, as redes sociais, seus recursos tecnológicos e as formas religiosas mais conservadoras e fundamentalistas, sobretudo dos segmentos evangélicos.

Há duas concepções distintas de democracia, ao meu ver, entre direita e esquerda. Enquanto a direita democrática dá ênfase apenas ao viés dos direitos políticos (votar e ser votado, liberdades de expressão, política e econômica, divisão dos poderes, e assim por diante), o fundamento democrático para a esquerda está na base econômica e nos direitos sociais (igualdade de oportunidades, condições de dignidade como trabalho, educação, saúde, moradia). Os liberais democráticos acreditam que a democracia é um método de alternância de poder e exercício da hegemonia da vontade da maioria. Além disso, supõem que o sistema democrático liberal por si só é o suficiente para a alavancagem da sociedade, isto é, a democracia cedo ou tarde conduziria a sociedade à justiça social, porém, é o indivíduo e não a sociedade quem deve ser responsabilizado pelas melhores condições de vida. A esquerda, por sua vez, observa a política e a própria democracia vinculadas às bases econômicas, de modo que uma sociedade repleta de desigualdades sociais e dominada por alguns abastados terá como resultado o domínio político desses últimos. Ou seja, para a esquerda a democracia liberal pode fornecer a falsa sensação de que ao eleger representantes (geralmente são os mais abastados) os problemas sociais serão resolvidos. Para a esquerda, as transformações econômicas em direção à igualdade social aprimoram a democracia, e não o inverso. A esquerda considera a economia e a redução das desigualdades como pontos de partida para a democratização da sociedade. Para os liberais, a democracia possui o mesmo fundamento da competitividade econômica, afirmaria o discípulo de Max Weber, o elitista Joseph Alois Schumpeter, em sua obra *Capitalismo, Socialismo e Democracia* (1943). Isso significa que os direitos políticos devem ser superiores aos sociais, segundo a visão liberal.

Os acontecimentos na Bolívia conduzem a estes debates em torno do que é democracia: ela é meramente institucional ou deve ter fundamento econômico, conduzindo à igualdade social? A igualdade social aprimora a igualdade política? Independentemente de quais sejam as respostas, é importante

AS POLÊMICAS DAS ELEIÇÕES PARA O QUARTO MANDATO DE EVO

retornar ao que parece ter sido o principal equívoco de Evo Morales, desconsiderar a necessidade de alternância de poder. Talvez Evo, por meio de seu carisma e amplo conhecimento das demandas sociais, não tenha vislumbrado nenhum sucessor no MAS ou próximo a ele, capaz de manter as importantes transformações de seu país, vendo na oposição o risco de regressos e destruição de seu projeto de Estado Plurinacional. Evo parece ter encontrado um sucessor muito tardiamente, durante seu exílio em 2020, ao apoiar seu correligionário Luis Arce e, portanto, após o golpe sofrido em 2019. Sob esse aspecto, Lula no Brasil parece ter sido mais hábil ao escolher em 2010 uma sucessora, muito diferente de sua imagem carismática, Dilma Rousseff, cujo comportamento notadamente era mais técnico e burocrático. Em 2010 havia um movimento para que Lula mudasse a Constituição e se candidatasse ao terceiro mandato. Porém, o próprio Lula foi contrário a essa possibilidade, abrindo margem à escolha de uma política até então desconhecida pela opinião pública e que chefiava o Ministério da Casa Civil. É bem certo que Evo tivesse em mente os acontecimentos brasileiros que levaram ao *impeachment* de Dilma em 2016 e à prisão de Lula em 2018. Apesar de Lula ter democraticamente seguindo os preceitos liberais, recusando o terceiro mandato consecutivo, a oposição ainda assim acabou por promover estratégias similares às realizadas na própria Bolívia, que vão desde sabotagens econômicas, campanhas midiáticas de difamação, emprego de grupos religiosos fundamentalistas conservadores contra o ideário de esquerda, até processos judiciais cujo fundamento jurídico beiram à ilusão de ótica, manipulando a opinião pública. Questionei em minha entrevista a Evo em 2022 se ele retornaria a concorrer à presidência da Bolívia ou quem sabe na próxima eleição. Ele disse que não poderia me dar essa resposta naquele momento[8] e que seu presidente é Luis Arce. Lula, por sua vez, apesar de ter se tornado um preso político no Brasil a partir de acusações duvidosas e sensacionalistas, retornou à presidência para seu terceiro mandato em 2023, seguindo o preceito constitucional liberal que permite a reeleição, desde que intercalada por um mandato de outro presidente. Ao conversar com Evo tive a impressão que esse será seu destino, é bem certo que seja candidato e presidente mais vezes e de forma intercalada, respeitando a alternância de poder, perfeitamente compatível com a indicação de sucessores.

A partir do 21F, a eleição de Evo Morales passou a adquirir impactos internacionais mais explícitos. Embora tardiamente, somente em agosto de 2021, quase dois anos após Evo sofrer o golpe e após o retorno do MAS democraticamente por meio do aliado de Evo, Luis Arce, no final de 2020, a Corte Interamericana de Direitos Humanos (IDH) estabeleceu que a reeleição presidencial indefinidamente não é um direito humano, fazendo com que a oposição a Evo o acuse até hoje como político ditatorial. No entanto, é preciso observar quais foram os resultados dessa decisão do Tribunal Eleitoral boliviano ainda no ano de 2018. A crise institucional foi agravada com a renúncia de juízes do TSE um pouco menos de um mês antes das eleições. Os meios de comunicação alimentavam a

---

8. No dia 24 de setembro de 2023, Evo Morales anunciou oficialmente que será candidato à presidência da Bolívia, um ano e meio após a nossa entrevista.

As POLÊMICAS DAS ELEIÇÕES PARA O QUARTO MANDATO DE EVO

tese de que haveria fraudes nas eleições de 2019 que dariam a vitória a Evo. Chegavam mesmo a encomendar pesquisas demonstrando que a maioria da população acreditava que haveria fraude, embora em nenhum momento procurassem demonstrar como ela ocorreria. Comentadores políticos das principais emissoras davam como certa a existência de manipulações eleitorais, ampliando o clima de tensão das eleições: "[...] o jornal Página Siete divulgou uma pesquisa em que 70% considerava que existiria fraude nas eleições" (Miranda, 2021, p. 468). Após as *fake news* sobre o filho inexistente de Evo, a nova mentira que circulava entre os principais meios de informação (rádio, televisão e redes sociais) girava em torno da fraude das urnas das eleições de 2019 antes mesmo que elas ocorressem, fenômeno muito semelhante ao que apoiadores e o próprio Donald Trump realizam nos EUA durante as eleições de 2020 e, no Brasil, em 2022 com as eleições presidenciais quando Bolsonaro buscava a reeleição. Trump e Bolsonaro passaram os quatro anos de seus respectivos mandatos anunciando que caso não vencessem novamente os motivos certos e seguros seriam fraudes eleitorais. Na Bolívia, o líder "cruceñista" (referência à cidade de Santa Cruz de La Sierra) Luis Fernando Camacho aplicava o mesmo método, o de colocar em dúvida o processo eleitoral e o resultado das urnas.

Uma das estratégias dos neoconservadores e da participação da extrema direita nas eleições democráticas contemporâneas está no comportamento de descrença frente a organização das eleições. Essa estratégia atinge o calcanhar de Aquiles do funcionamento das democracias. Autores como Robert Dahl

(*A poliarquia*) e Levitsky (*Como as democracias morrem*) indicam que a democracia é um regime no qual não basta a existência de tolerância entre a oposição e a situação, isto é, o vencedor das eleições tem o compromisso de não eliminar os adversários pela força física ou práticas ilegais; os derrotados, por sua parte, não contestam a derrota, não devem promover um conflito armado contra os vencedores. Essa tolerância é fundamental nos processos eleitorais, que devem garantir a alternância pacífica do poder. Outro elemento essencial para que o sistema funcione é o reconhecimento de todos os participantes, políticos e partidos, da segurança e confiança do processo eleitoral e dos mecanismos de funcionamento das urnas. Caso o processo seja colocado em dúvida, afirmam esses autores, a tendência é a criação de mal-estar que pode, no limite, produzir a guerra civil. É bem verdade que a democracia é um regime político complexo, com instituições representativas dos interesses da sociedade e que exige o mútuo convívio com o diferente, daqueles que pensam de forma diversa, com preferências e valores heterogêneos. A base para que essas relações sejam possíveis e que as relações políticas entre visões opostas sejam civilizadas, ou seja, a garantia do funcionamento da democracia, está numa prática um tanto frágil, porém essencial, que é a apresentação e a demonstração públicas exercidas pelos partidos e candidatos de confiança e credibilidade no sistema eleitoral diante da sociedade e dos eleitores. A ausência desse comportamento legitimador das eleições, ou pior, questionamentos por meio de *fake news* sobre o sistema eleitoral, são práticas adotadas pelos grupos fascistas contemporâneos e multiplicadas em redes

As polémicas das eleições para o quarto mandato de Evo

sociais por fascistas funcionais. A intenção é gerar comoção com informações sensacionalistas e inflamar a atuação da sociedade contra as instituições democráticas. Quanto mais se gera dúvidas sobre o processo eleitoral, isto é, quanto mais se reproduz o negacionismo político, abre-se a porta do inferno para que se procurem rupturas com o funcionamento das instituições democráticas e a ascensão de figuras autoritárias, as quais sustentam o discurso antissistema e a quebra da ordem institucional. Portanto, o negacionismo eleitoral que se tem observado nas práticas dos neoconservadores é mais um dos mecanismos que sustentam os golpes suaves.

Segundo Stella Calloni (2020, p. 67-69), o lobby cubano-estadunidense de Miami, com sua representante e congressista na Câmara dos Deputados do EUA, Ilena Ros-Lehtinen, iniciou junto ao presidente Trump dos EUA operações que se relacionam aos golpes suaves por meio de ações que envolveram os meios de comunicação, aparelhos judiciais e participação de agentes da embaixada norte-americana na Bolívia para desestabilização do governo Evo Morales.

> No 7 de dezembro de 2017 a representante republicana pela Flórida denunciou diante do Congresso dos Estados Unidos a sentença do Tribunal Constitucional Plurinacional (TCP) da Bolívia de permitir a reeleição e advertiu que Evo Morales alude "a práticas de ditadores de esquerda para se manter no poder" como ocorre "em Cuba, Venezuela e Nicaragua". Afirmou que Morales se negava a respeitar a constituição de seu país e que "se não pusermos atenção a Bolívia ela se converterá em outra Cuba, em outra Venezuela. Estados

falidos" [...]. Em outra das intervenções da congressista Ros-Lehtinen asseverou que o presidente da Bolívia "tem tomado medidas sistemáticas para restringir os direitos básicos do povo boliviano e consolidar seu legado para manter o controle do poder [...] o poder de Morales sobre o sistema judicial, a denegação de juízos públicos, justos e oportunos e a judicialização de opositores políticos estão acima de seus abusos contra os direitos humanos" [...] (Calloni, 2020, p. 68-69).

As ofensivas norte-americanas contra a Bolívia somaram-se às influências sobre, principalmente, o presidente argentino, Maurício Macri (2015 – 2019), o brasileiro, Jair Bolsonaro (2019 – 2022) e sobre o uruguaio Luis Almagro, que desde o ano de 2015 ocupa o cargo de Secretário-Geral da Organização dos Estados Americanos (OEA), tendo sido reeleito em 2020. Almagro é acusado de perpetuar a instabilidade política na Bolívia, conforme apontam César Navarro (2021), Stella Calloni (2020) e Alfredo Serrano (2022). Veremos no próximo item como se deu essa influência que conduziu ao golpe de Evo Morales em novembro de 2019. Além disso, Stella Calloni denuncia exercícios armados envolvendo cooperação entre Argentina e EUA em regiões próximas à fronteira com a Bolívia e de reservas do lítio, reforçando a tese de que os interesses imperialistas poderiam estar por trás do apoio norte-americano junto às elites bolivianas para desestabilizar o governo de Evo. Calloni cita ainda visitas da filha de Donald Trump, Ivanka Trump, em Jujuy, na Argentina, região fronteiriça com a Bolívia, com a suposta justificativa de investimentos dos EUA para a construção de uma estrada nessa região. Calloni (2020, p. 98-100) informa que o interesse real dessa visita seria a articulação com lideranças de extrema direita da região, entre elas o boliviano Fernando Camacho, conhecido como "Bolsonaro boliviano". Calloni relata as suspeitas de que a partir do porto de Iquique, no Chile, havia a entrada ilegal de armas direcionadas a grupos de extrema direita na Bolívia com a intenção de abastecer grupos paramilitares da região da "Meia Lua" boliviana (Calloni, 2020, p. 114-115).

Camacho lidera grupos acusados de formar milícias a partir da aliança com empresários, religiosos fundamentalistas, policiais e militares, dando margem ao fortalecimento de grupos milicianos na Bolívia. Camacho, que disputou as eleições presidenciais de 2020, sendo derrotado por Luis Arce, foi no início desse século líder da organização conservadora Unión Juvenil Cruceñista (UJC) que, dadas as devidas proporções, atuou como o MBL durante o *impeachment* de Dilma e a prisão de Lula na década de 2010. Em comum, ambos os grupos prezam pela liberdade individual, pelo direito de portar armas para segurança pessoal para que nenhum governo escravize seu povo e pela defesa da propriedade privada sem nenhuma crítica ao processo colonial e de expropriação dos povos originários. Essas ideias eram muito difundidas (e ainda são) pelo ex-presidente brasileiro, Bolsonaro, hoje inelegível pela justiça brasileira até o ano de 2031. A Federação Internacional de Direitos Humanos declarou a UJC de Camacho como espécie de grupo paramilitar fascista e a embaixada dos EUA na Bolívia em 2008 acusava os seus componentes de serem racistas e fanáticos (Calloni, 2020, p. 122). O grupo também tem acusações sobre um atentado contra um gasoduto na região Tarija no início do século, responsável por exportar gás ao Brasil e Argentina. Camacho também é suspeito de ligação com a CIA e senadores dos EUA, como Ted Cruz e Marco Rubio, entre outros governos da América do Sul, como o Brasil de Bolsonaro, para conspirar contra Evo, levando-o ao golpe em novembro de 2019, conforme veremos.

CAPÍTULO 07

O GOLPE: OEA E A FRAUDE

As eleições de 2019 ocorreram na Bolívia com variáveis que colocavam em risco a sua democracia: crise institucional; interesses estrangeiros; milícias internas e grupos evangélicos e católicos radicalizados; acusações prévias e sem muitos argumentos de que haveria fraude; Evo disputando o quarto mandato. Tratou-se de um cenário no qual tudo indicava que ocorreria grave ruptura institucional e, certamente um golpe de Estado, que de fato ocorreu em novembro daquele ano.

As regras eleitorais bolivianas possuem certas peculiaridades. É declarado presidente o candidato que obtiver 50% mais um voto (o que não era nenhuma novidade, estava previsto na nova Constituição). No entanto, a particularidade reside no fato de que caso um candidato obtenha 40% dos votos e uma distância acima de 10% em relação ao seu concorrente, igualmente é declarado vitorioso sem a necessidade de um segundo turno. Evo Morales foi vitorioso três vezes acima dos 50%. Em 2005, 2009 e 2014 obteve, respectivamente 53,74%, 64,22% e 61,36% dos votos, sempre vencendo no primeiro turno desses três processos eleitorais. No ano de 2019, a crise institucional e o crescimento vertiginoso da oposição tornaram essa particularidade, 40% dos votos e uma distância de 10%, um dos ingredientes explosivos que levaram ao golpe. Evo Morales (MAS) possuía como principal adversários o candidato e representante do neoliberalismo, Carlos Mesa (ex--presidente entre 2004 e 2005, quando assumiu o cargo após a renúncia do "Gringo", Gonçalo Lozada), que tinha intenções de voto direcionadas sobretudo a partir do chamado "voto útil", isto é, votos não necessariamente de simpatizantes, senão críticos de Evo. Esse elemento, o voto útil, tornou a eleição um processo *sui generis*.

A crise institucional e a credibilidade das eleições de 2019 na Bolívia exigiam a auditoria de organismos internacionais. O governo de Evo e as instituições eleitorais aprovaram que representantes da União Europeia, países vizinhos (com destaque ao Brasil e Argentina), a Organização dos Estados Americanos (OEA), entre outros órgãos, fossem autorizados a participar da fiscalização das eleições. Quanto à OEA, coube papel especial, espécie de palavra final no que diz respeito à legitimação do resultado das eleições. A OEA passou a ser chefiada por Luis Almagro em 2015. A indicação ao cargo de chefe da OEA surgiu por meio da intermediação e influência do ex-presidente do Uruguai, Pepe Mujica. Almagro é

O golpe: OEA e a fraude

um importante diplomata de seu país. Durante o governo de Mujica (2010 – 2015) ocupou o cargo de Ministro das Relações Exteriores, sendo um de seus homens de confiança a ponto de ter sido indicado em 2015 para secretário geral da OEA e eleito por unanimidade pelos países membros da organização.

Mujica rompeu com Almagro meses depois. O distanciamento se deveu quando em maio de 2015, Almagro, agora chefe da OEA, afirmou que a Venezuela do presidente Nicolás Maduro não respeita a Carta Democrática da OEA. Mujica, por sua vez, enviou uma correspondência em novembro de 2015 (divulgada publicamente meses depois) afirmando formalmente sua ruptura com Almagro. Em setembro de 2018, Almagro promoveu mais uma polêmica envolvendo a Venezuela, quando publicamente manifestou "não descartar" intervenção militar dos EUA na Venezuela para depor o governo de Maduro. O rompimento de Mujica com Almagro não foi fortuito. Na aparência e na prática, Almagro alinhava-se aos interesses coloniais norte-americanos na América do Sul. Outro episódio envolvendo Almagro e a Venezuela se deu em janeiro de 2019, quando o secretário geral da OEA passou a reconhecer como presidente daquele país Juan Guaidó, sem que tenha sido eleito democraticamente. Guaidó foi, inclusive, reconhecido como presidente da Venezuela pelos EUA de Trump e pelo Brasil de Bolsonaro. Além disso, criou um governo paralelo e acusado de procurar desestabilizar a política venezuelana.

Em relação à Bolívia, e apesar de tudo isso, Almagro foi o responsável por legitimar o processo eleitoral de 2019! No mês de setembro de 2017, Almagro publicou na sua conta do Twitter mensagem afirmando ser contra a sentença do Tribunal Constitucional Plurinacional da Bolívia que permitiu Evo concorrer ao quarto mandato em 2019. No entanto, no mês de janeiro de 2019 em Washington, Almagro fez acordo com o governo de Evo para que especialistas da OEA acompanhassem as primárias do MAS que ocorreriam em maio daquele ano. Já na cidade de La Paz, em maio, Almagro fez declarações reconhecendo a legitimidade e fazendo alusões de que seria um direito humano a participação de Evo nas eleições que ocorreriam em outubro. A citação abaixo presente no livro de César Miranda apresenta a declaração de Almagro:

> Contrariamente do que manifestou em 2017, em sua visita em La Paz em maio de 2019 Almagro tem uma opinião completamente diferente: "Sim o tema será resolvido hoje no Sistema Interamericano com o nome de Evo Morales, e dizer que Evo Morales hoje não pode participar (das eleições gerais de outubro), isto seria absolutamente discriminatório com os outros presidentes que participaram de processos eleitorais sobre a base de uma falha judicial reconhecendo a garantia de seus direitos humanos", manifestou Almagro em um ato na Casa Grande do Povo junto ao presidente Evo Morales e outras autoridades (Miranda, 2021, p. 403).

No dia 12 de novembro de 2019, dois dias após a deflagração do golpe de Estado contra Evo, Almagro mais uma vez apresentava opinião diferente sobre a candidatura naquele ano: "Evo Morales cometeu um auto-golpe para se perpetuar no poder de forma ilegítima. A reeleição não é um direito humano" (Miranda, 2021, p. 21). Estas declarações contraditórias de Almagro, comparadas umas às outras, no mínimo, revelam sua inaptidão ao exercer o cargo de secretário geral da OEA. Pode também revelar possíveis pressões do governo dos EUA sobre seu cargo, conforme indicam Miranda (2021), Calloni (2020) e Serrano (2022). Vale destacar que estas declarações contraditórias não foram as únicas confusões causadas por Almagro. A principal delas diz respeito ao resultado das eleições de outubro, cujos dados foram divulgados no início de novembro. Como vimos, a OEA e Almagro adquiriram nas eleições bolivianas papel decisivo para legitimar o processo, espécie de juiz que daria sustentação à opinião pública e partidos políticos dentro da Bolívia e, ao mesmo tempo, respaldo perante a comunidade internacional.

Havia sido combinado com as autoridades eleitorais bolivianas que a OEA apenas divulgaria parecer final dois dias após a divulgação oficial dos resultados e após participar da vistoria e fiscalização das zonas eleitorais ou responsáveis pela contagem de votos. Diante de um clima de crise institucional e oposição farta de notícias falsas sobre o sistema eleitoral, a OEA pareceu ser a entidade moderadora em torno daquele processo eleitoral. No entanto, o comportamento de Almagro parece ter piorado a situação. Vejamos agora o que aconteceu durante a contabilização dos votos. Mas antes, emergem dois questionamentos ou hipóteses: 1) ou Almagro é, do ponto de vista diplomático, despreparado e incompetente, agindo sem responsabilidade com suas declarações; ou 2) compactuou com interesses imperialistas dos EUA e das elites bolivianas para derrubar o governo de Evo Morales. A resposta ficará a critério do leitor. Talvez as duas hipóteses andem de mãos dadas.

As eleições ocorreram no dia 20 de outubro de 2019. Os votos são impressos e, considerando que há regiões distantes dominadas por povos originários, principalmente em Oruro (mas também em outras regiões do país), a contabilização final estava prevista para os dias 9 ou 10 novembro. No entanto, no dia 20 de outubro, no mesmo dia das eleições, por volta das 20h, 83% das atas eleitorais haviam sido conferidas pelo *Transmisión de Resultados Electorales Preliminares* (TREP), apontando 45,28% para Evo Morales; 38,16% para Carlos Mesa; 8,7% para Chi Hyn Chung; 4,4% para Óscar Ortiz. Embora importante, a TREP é um serviço de uma empresa privada, NEOTEC, sem dimensão legal para auferir resultados definitivos ou decisão final ao resultado das eleições na Bolívia. Mesmo não sendo um instrumento oficial, tem um papel importante estatístico, portanto, demonstrando tendências do processo de contabilização dos votos. Ainda assim, foi o mecanismo utilizado pelos opositores de Evo que deu origem ao golpe.

O problema com a TREP começou na noite do dia 20 de outubro, horas após as eleições, quando ocorreu um apagão de seus dados, na realidade uma decisão do Tribunal Supremo Eleitoral, que determinou a suspensão da divulgação, embora auditorias e acompanhamento internacional estivessem sendo feitos naquele momento dentro da normalidade. Ainda que a TREP tenha deixado de funcionar, a contagem oficial de votos teve continuidade.

O GOLPE: OEA E A FRAUDE

A empresa NEOTEC informa: "Depois da entrevista coletiva recebemos a ordem de não continuar com a publicação de resultados da TREP e foi cortado o serviço de Internet no SERECI [órgão eleitoral boliviano], tanto a linha principal como a linha de respaldo. Ocorreu aproximadamente 20:10 na noite da eleição. O serviço de internet é necessário para a verificação das atas" [...]. O informe da empresa NEOTEC expressou: "Em nenhum momento, incluindo o momento de suspensão do TREP a base de dados do TREP esteve comprometida e tampouco se alterou" [...]. De madrugada, o TREP faz conhecer com base nas informações oficiais o computo eleitoral de 95,63% em que: 46,85% MAS [Evo Morales]; CC [Calos Mesa] 36,74%. A empresa NEOTEC no seu informe mencionou: "Na segunda-feira, 21 de outubro às 14:30 houve a autorização de acesso à internet aos escritórios do SERECI e se reestabeleceu a verificação das atas. Às 18:29 se reassumiu a geração de resultados. Entre às 20:10 e 18:29 do dia seguinte se verificaram 3.833 adicionais, o que provoca uma diferença nas porcentagens de votação, com uma queda de 1,12% para o CC e um aumento de 1,16% para o MAS" (Miranda, 2021, p. 330-333).

Entre o apagão ou queda do sistema na noite do dia 20 de outubro até o seu retorno no dia seguinte, a OEA chefiada por Almagro havia publicado em sua conta no Twitter (23h30min do dia 20 de outubro): "é fundamental que o Tribunal Superior Eleitoral explique por que foi interrompida a transmissão dos resultados preliminares de seu sistema e que é necessário que o processo de publicação dos dados do cômputo se desenrole de maneira fluída" (20/10/2019). A queda do sistema TREP fez com que por volta da meia noite do dia 21 de outubro, Carlos Mesa, concorrente de Evo, publicasse um vídeo gravado e afirmando: "O que está acontecendo é extremamente grave a ponto que os observadores da OEA têm feito uma chamada de atenção perguntando por que foi interrompido essa contagem. Não podemos aceitar, não podemos aceitar que se trate de manipular um resultado que obviamente nos leva ao segundo turno, que deve se realizar de todas as maneiras" (Miranda, 2021, p. 331). Michel Kozak, Secretário Adjunto interino para Assuntos do Hemisfério Sul do governo dos EUA, horas depois manifestou: "EUA está observando de perto o primeiro turno das eleições da Bolívia, especialmente a repentina interrupção da tabulação eletrônica de votos. Autoridades eleitorais devem restaurar a credibilidade e a transparência do processo para que se respeite a vontade do povo" (Miranda, 2021, p. 332). Os chanceleres de Argentina e Brasil também se manifestaram rapidamente: "O governo argentino (Macri) espera que se reestabeleça o processo de escrutínio com todas as garantias de modo que se possa conhecer o pronunciamento do povo boliviano nestas eleições;" e sobre o governo brasileiro: "[...] expressou também sua preocupação devido à interrupção inesperada do escrutínio" (Miranda, 2021, p. 332). Meios de comunicação, a partir da queda do sistema da TREP anunciavam de antemão o que consideravam como maior fraude da história eleitoral da Bolívia, apesar da própria NEOTEC negar que o caso pudesse levar a qualquer possibilidade de fraude.

Manifestantes e grupos paramilitares de extrema direita iniciaram manifestações cercando os Tribunais Eleitorais em Potosí, Oruro e Santa Cruz de la Sierra; promoveram comportamentos selvagens, depredando e queimando os edifícios públicos. Em Sucre, o prédio que abriga o escritório do MAS também foi incendiado. Documentos e atas eleitorais foram destruídos pelos manifestantes, o que parecem ter sido ações orquestradas e não espontâneas dos opositores de Evo. 30 horas após as eleições havia manifestações, discursos, convocações às ruas, tomadas de prédios públicos e do MAS onde se realizaram saques e incêndios. Carlos Mesa, nesse meio tempo, declarou-se vencedor das eleições. As igrejas evangélicas e a católica denunciavam com o mesmo fervor a fraude nas eleições. Luis Camacho, o "Bolsonaro boliviano", declarava manipulação dos dados eleitorais.

No dia 23 de outubro, no Conselho Permanente da OEA, o embaixador dos EUA, Carlos Trujillo declarou: "[...] a suspensão da contagem rápida do sistema TREP, durante quase 24 horas, foi causada pelo Governo boliviano para roubar as eleições e cozinhar os resultados" (Miranda, 2021, p. 343). No mesmo dia, a OEA publica novo informe manifestando seu desejo de um segundo turno, tendo em vista que com a apuração de 96,78% das urnas a diferença entre Evo Morales e Carlos Mesa estava na ordem de 9,48%, ou seja, 0,52% da margem de 10% de votos de diferença para que Evo fosse declarado vencedor, conforme as regras eleitorais. Segundo o informe da OEA: "Devido ao contexto e as problemáticas evidenciadas neste processo eleitoral, continuará sendo melhor opção convocar o segundo turno" (Miranda, 2021, p. 344). Horas depois, Evo Morales concede entrevista coletiva denunciando a tentativa de golpe:

> Convoquei esta entrevista coletiva para denunciar diante do povo boliviano e ao mundo inteiro que está em processo um golpe de Estado, além disso, quero lhes dizer que já sabíamos antecipadamente, a direita preparou com apoio internacional um golpe de Estado. Como se expressa um golpe de Estado? Não deixaram realizar a contagem, queimam instituições e infraestruturas dos tribunais departamentais, assustam as casas de campanha, atentados contra candidatos eleitos e sobretudo não dão garantias aos membros dos tribunais eleitorais departamentais (Morales, 23/10/2019).

Em meio às manifestações e greve geral convocadas por Carlos Mesa e Camacho, cujos discursos oscilavam entre pedir a anulação das eleições ou a necessidade de um segundo turno, no dia 24 de outubro a União Europeia produz um outro comunicado por meio do Serviço Europeu de Ação Exterior, concordando com o informe da OEA, o que significava afirmar a necessidade de um segundo turno, ainda que a contagem dos votos estivessem ainda em curso, o que estava previsto para ser concluído definitivamente apenas em meados do dia 10 de novembro: "A UE compartilha plenamente a avaliação da OEA no sentido de que as autoridades bolivianas deveriam concluir o processo de contagem em curso, e que a melhor opção seria realizar um segundo turno para estabelecer a confiança e assegurar o respeito da eleição democrática do povo boliviano" (Miranda, 2021, p. 348). As pressões externas sobre o resultado das eleições bolivianas demonstravam a ingerência internacional sobre um processo que deveria ser soberano. Além dos EUA, Colômbia, Brasil e Argentina manifestaram dúvidas sobre os resultados, ainda que parciais.

Nos dias seguintes, a onda de violência aumentou. Bloqueios de estradas, mortes de manifestantes contra ou a favor de Evo, destruição de prédios públicos e afins. Em Potosí, manifestantes retiveram na rua o prefeito da cidade, Willians Cervantes. Foi cercado, insultado, ameaçado de morte e obrigado a renunciar publicamente. Depois foi conduzido junto a outros funcionários públicos a um ônibus e levado para La Paz. No caminho teve problemas cardíacos. A prefeita da cidade de Vinto, região de Cochabamba, Patricia Arce Guzmán, foi humilhada publicamente no dia 6 de novembro. Teve seus cabelos cortados, tinta rosa jogada em seu corpo e foi atacada ao lado de seus apoiadores. Outros casos se somam como invasões, depredações, saques e incêndios a residências de ministros ou políticos ligados a Evo Morales, mesmo de sua irmã e sua própria casa em Cochabamba. Forças policiais e militares foram aderindo informalmente às manifestações de extrema direita, promovendo amotinamentos e ocupação de prédios do governo ou ocupando ruas estratégicas, sem o aval do governo, relatam César Miranda (2021) e Alfredo Serrano (2022), aumentando a repressão sobre os apoiadores de Evo que se manifestavam favoravelmente ao governo. Miranda (2021) descreve o saldo do golpe:

> O movimento cívico golpista logrou ter o controle urbano territorial de nove capitais [...], várias rotas interdepartamentais bloqueadas, a polícia boliviana à mando da direita, os militares insubordinados no silêncio ao governo, as igrejas "orando" por solução pacífica via renúncia do Presidente, os meios de comunicação como linha política-comunicativa centrados na fraude como verdade fáctica irrefutável. O momento político apresentava uma sublevação popular contra um governo que pretendia se perpetuar no poder através de uma fraude eleitoral, foi a narrativa que representava o sentimento dos mobilizados [...] (Miranda, 2021, p. 400).

Recapitulando: no dia 21 de outubro, diante do ocorrido com o sistema TREP, a OEA recomendava em seu informe a realização do segundo turno. No dia 23 de outubro, ainda com conclusões prévias e sem a finalização da auditoria oficial que se encerraria no dia 10 de novembro, a OEA recomendou anulação das eleições e o afastamento de Evo Morales. O informe dessa data julga que "as mudanças de tendência na TREP são difíceis de explicar", em referência ao fato de haver, embora pequena, expansão da quantidade de votos de Evo e redução de Carlos Mesa entre os dias 20 e 21 durante o período em que o sistema esteve sem acesso aos dados. A variação foi de 45,71% a 46,42% para Evo; e 37,84% para 37,06% para Mesa, com 94,7% dos votos apurados. Lembremos que a legislação eleitoral boliviana declara vencedor o candidato que obtiver mais de 40% dos votos para um candidato e a diferença de 10% em relação ao segundo colocado, sem necessidade de segundo turno. A esta altura, no dia 23 de outubro, 9,36% era a dife-

O golpe: OEA e a fraude

rença de votos entre Evo Morales e Carlos Mesa. Horas mais tarde, com 96,78% dos votos apurados, a diferença alcançava 9,48%, aproximando Morales da vitória no primeiro turno. Os relatórios da OEA foram feitos sem aguardar a contagem oficial, pois eram atribuídos pela empresa privada responsável pela TREP. Um detalhe importante é que a OEA havia se comprometido junto às autoridades eleitorais e ao governo da Bolívia, que apenas apresentaria o relatório dois dias após o resultado oficial ser divulgado, dia 12 ou 13 de novembro. Além disso, os relatórios eram divulgados diretamente à imprensa e redes sociais, sem antes ser direcionado de forma diplomática ao governo da Bolívia, conforme aponta Miranda (2021).

O informe final da OEA foi divulgado no dia 10 de novembro, conduzindo ao golpe e à renúncia de Evo Morales. Há acusações de que a OEA, devido às conturbações sociais, não conseguiu visitar todos os departamentos bolivianos para apresentar relatório conclusivo sobre se houve ou não fraude. O relatório deveria ter sido divulgado apenas no dia 12 de novembro, porém foi antecipado em dois dias. Segundo Miranda, o relatório sobre as eleições boliviana emprega termos como "manipulações e irregularidades" (2021, p. 517); "falsificação de assinaturas e de atas" (2021, p. 506); "deve-se ter em mente que as irregularidades encontradas das que demos conta são as observadas em pouco tempo [...] Potosí, Chuquisaca e Santa Cruz não foi possível, devido ao fato de que parte da documentação foi incendiada" (2021, p. 508); "resulta improvável estatisticamente que Morales tenha obtido o 10% de diferença" (2021, p. 513). O relatório é criticado por Miranda, pois aponta problemas com assinatura em apenas três atas (2021, p. 537), ainda assim irrisórias para determinar os 10% de vantagem de Evo sobre Mesa; e tampouco informa qual o número de distorções de assinaturas nelas. Prossegue afirmando que ainda que fossem anuladas, não seriam suficientes para anular a vitória de Evo. A acusação feita à OEA é a de que teria inflacionado os problemas no relatório sem ter provas materiais da suposta quantidade expressa no seu texto. Por fim, a suposta demonstração matemática da OEA é apresentada no relatório de 10 de novembro. Abaixo é reproduzido o relatório citado por Miranda (2021, p. 519):

> "[...] os auditores, além disso, identificaram que das 12.925 atas, 846 foram atas que somente entraram no cômputo final (último 4,4%), dos quais 328 (39%) se referiam às mudanças de voto para presidente [...] a análise estatística realizada revela que a vitória em primeiro turno de Evo Morales foi estatisticamente improvável, e que sua proclamação se deu por aumento massivo e inexplicável de votos do MAS no 5% final do cômputo. Sem esse aumento, ainda que o MAS conseguisse a maioria dos votos, não teria obtido a diferença de 10% necessário para evitar o segundo turno (OEA, 10/11/2019)".

O relatório final publicado no dia 10 de novembro de 2019 pela OEA caiu como uma bomba sobre a já fatigante crise institucional que ocorria desde o dia 20 de outubro, dia das eleições. Horas depois de sua publicação, em plena madrugada, Evo Morales renunciou. Mais adiante veremos com mais detalhes sobre como Evo manteve-se vivo depois disso. É pre-

O GOLPE: OEA E A FRAUDE

ciso examinar primeiro qual a principal contestação estatística da OEA. O resultado oficial da eleição indicou Evo Morales com 47,07% dos votos e Carlos Mesa com 36,51% e, portanto, a diferença de 10,56% entre os dois, 0,56% acima do necessário para que Evo fosse declarado presidente. Segundo o relatório da OEA, havia votos massivos direcionados a Evo Morales faltando algo em torno de 5% dos votos a serem apurados. A suspeita de falsificação de votos deveu-se à quantidade exorbitantes a Evo. Além disso, segundo a OEA, ainda que esses votos fossem possíveis, não haveria margem suficiente para que Morales vencesse no primeiro turno com mais de 10% de distância de votos em relação ao seu adversário.

O que diz a ciência estatística sobre o relatório da OEA? Alguns institutos de pesquisa acadêmica nos meses seguintes resolveram estudar com seus estatísticos o caso das eleições bolivianas de 2019. Citemos alguns deles: *Centro Estratégico Latino-americano de Geopolítica* (CELAG); *Center Economic and Policy Research* (CERP) com sede em Washington DC; *Laboratório de Ciência e Dados Eleitorais do Instituto Tecnológico de Massachussets* (MIT). No dia 03 de dezembro de 2020, o jornal espanhol *O diário*

> publicou o pronunciamento de especialistas internacionais: "Pedimos que se respeitem as instituições e os processos democráticos na Bolívia, começa o manifesto assinado por 100 especialistas internacionais em economia e estatística, que fazem "um chamado à OEA para que retire suas declarações enganosas sobre as eleições" [...] condenam que Donald Trump tenha

O GOLPE DE 2019 NA BOLÍVIA

apoiado "aberta e firmemente o golpe militar do 10 de novembro que derrubou o Governo do presidente Evo Marales" e explicam mediante seus conhecimentos em estatística porque não é correto "o relato de fraude" (Miranda, 2021, p. 545-546).

No que diz respeito ao parecer da CELAG, produzido no ano seguinte ao golpe que depôs Evo Morales, há severas críticas sobre o relatório da OEA, o qual, conforme vimos, denunciava a existência de fraude no processo eleitoral. O primeiro aspecto destacado refere-se ao fato de que a Bolívia é um dos países do mundo que mais apresenta zonas eleitorais rurais ou selváticas, portanto, regiões distantes e de difícil acesso que tornam a contagem e transmissão de votos mais lenta. Serrano (2022, p. 31) indica que 30% dos votos ou cerca de um milhão deles estão nessas localidades. Estas áreas têm predomínio étnico indígena. É bem certo que as análises da OEA não levaram em conta essas variáveis que foram determinantes para a existência de votos massivos direcionados a Evo quando restavam menos de 5% de zonas e votos a serem apurados. A OEA havia considerado o final da apuração e o vertiginoso número de votos a Morales como "inexplicável", destacando o comportamento anômalo em 86 zonas eleitorais. Abaixo, consta um trecho do parecer da CELAG comentado na sequência pela análise de César Miranda e as contradições diante dos preceitos da Carta de Fundação da própria OEA, que prezam pela não intervenção sobre a soberania das democracias (2021):

"A OEA dirigiu o conjunto de suas análises e conclusões a fundamentarem uma suposta fraude nas eleições

O golpe: OEA e a fraude

bolivianas de 2019 [...] omitiu informação crucial tanto jurídico-normativa como técnico-analítica. Efetivamente, sobre as suspeitas de irregularidade da TREP omitiu três feitos transcendentais: 1) este não é o sistema de contagem oficial, 2) o TREP não estava desenhado para lançar dados acima de 90% em nenhum caso [...]". O informe [da OEA] violou o propósito essencial fundacional recolhidos em seu artigo 2 b) de sua carta fundacional: "Promover e consolidar a democracia representativa dentro do respeito do princípio de não intervenção". O informe 2019 sobre a Bolívia da OEA violou os princípios fundamentais da Organização dos Estados Americanos recolhidos em sua Carta de Fundação. Em particular, se produziu uma grave violação do artigo 3 e) que reza que "Todo Estado tem direito de eleger, sem interferências externas, seu sistema político, econômico e social, e se organizar da maneira que mais lhe convenha, e tem o dever de não intervir nos assuntos de outro Estado [...]" (Miranda, 2021, p. 543-544).

Alfredo Serrano, membro da CELAG e escritor do livro *Evo, operación rescate* (2022), fez comparações com o processo eleitoral de 2020 na Bolívia que deu a vitória a Luiz Arce do MAS, um ano após o golpe contra Evo. Foi possível realizar comparações entre as porcentagens de votos de 2019 em relação a 2020 nas seções eleitorais alvos das suspeitas da OEA. Lembremos que, mesmo exilado na Argentina após sua renúncia e perseguição política, Evo Morales apoiou Luis Arce, sendo peça-chave na sua eleição e retirada democrática de forças conservadoras e interesses neoliberais da Bolívia. Alfredo

Serrano demonstra que as porcentagens de votos de regiões e zonas contestadas pela OEA, um ano antes da vitória de Arce, obtiveram índices ainda mais elevados se comparados aos já massivos votos direcionados a Evo. Segundo Serrano:

> Os resultados eram contundentes e falavam por si mesmos. Na CELAG revisamos a votação obtida pelo MAS nesta eleição de 2020 nos 86 recintos eleitorais observados pela OEA de Almagro em 2019 por "irregularidades periciais". Efetivamente, encontramos que a média de votos nesses 86 recintos em 2020 era de 97% a favor do MAS que, em 2019, dita média havia sido de 91,6%. Em outras palavras: o que um ano atrás havia sido considerado fraudulento por apresentar valores muito altos, agora não somente seguia apresentando tais valores, senão, além disso, as proporções resultavam ser inclusive superiores [...] (Serrano, 2022, p. 334-335).

O ponto crucial ignorado pela OEA foi deixar de realizar a coleta de dados estatísticos de eleições anteriores nas regiões distantes rurais e de selva onde acusava a existência de fraude em 2019. Vimos que estas localidades distantes fornecem votos a Evo quase que de modo a produzir consenso ou unanimidade. Nas eleições de 2005, 2009 e 2014 a mesma dinâmica pôde ser verificada. Essas e outras razões fizeram com que os pesquisadores do MIT, Jack R. Williams e John Curiel, segundo matéria publicada no jornal *The Washington Post* no dia 20 de fevereiro de 2020, chegassem à conclusão de que

A afirmação da OEA de que a cessação do TREP durante as eleições bolivianas produziu rareza na tendência das votações se contradiz com os dados. Apesar de ter havido interrupção no informe de votos, a substância desses votos informados posteriormente poderia ter sido determinado antes da interrupção. Portanto, não podemos encontrar resultados que nos levem à mesma conclusão da OEA. Descobrimos que é muito provável que Evo Morales ganhou na margem requerida de 10 pontos percentuais para ganhar no primeiro turno das eleições de 20 de outubro de 2019 (trecho do relatório do MIT presente em: Miranda, 2021, p. 545).

Jack Johnston e David Rosnick, pesquisadores da Center of Economic and Policy Research (CERP) sediada em Washington produziram o relatório intitulado *Observando os observadores: a OEA e as eleições bolivianas de 2019*. O parecer indica que os dados apresentados pela OEA contradizem suas próprias conclusões, pois está fundamentado em análises estatísticas inconscientes e suposições indevidas; oculta quais procedimentos metodológicos foram adotados para que se chegasse à percepção de fraude; não explica como a suspensão da TREP (que não é um dado oficial) poderia ter criado problemas na contagem dos votos a ponto de produzir irregularidades no processo eleitoral; cria falsa narrativa ao associar à interrupção da TREP com a criação de uma fraude; não explica qual a capacitação ou se os auditores a receberam para a auditoria, sequer revela os nomes dos membros da OEA responsáveis pela constatação da suposta irregularidade; baseou-se em dados parciais e não nos finais, contrariando práticas corriqueiras de realização de auditorias. Por fim, o relatório da CERP conclui que "ao perpetuar uma falsa narrativa, assim como formulando acusações sérias e infundadas, a OEA optou por uma intervenção política no lugar de uma intervenção técnica" (p. 87-89).

Por fim, um outro estudo acadêmico foi discutido no jornal *The New York Times* em junho de 2020 a partir de análise conjunta de três pesquisadores de instituições diferentes. São eles: Francisco Rodriguez (economista docente de estudos latino-americanos na Universidade de Tulane em New Orleans-Lusiana); Dorothy Kronick (especialista em política latino-americana na Universidade da Pensilvânia); Nicolas Idrobo (então doutorando na Universidade da Pensilvânia e coautor de uma porção de artigos e coautoria em livros sobre métodos avançados estatísticos). Os três pesquisadores publicaram em 2020 o artigo *Do Shifts in Late-Counted Votes Signal Fraud? Evidence From Bolivia* ("Mudanças nos votos contados tardiamente indicam fraude? Evidências da Bolívia"). Apresentamos abaixo o resumo do artigo e na sequência explicaremos as conclusões do estudo:

> Mudanças nos votos apurados tardiamente muitas vezes desencadeiam alegações infundadas de fraude eleitoral. Essas alegações exploram a miragem da contagem inicial: a ilusão conveniente de que, na ausência de fraude, uma vantagem inicial persistirá. Caracterizamos a miragem da contagem antecipada e avaliamos as alegações de fraude associadas em quatro eleições disputadas, com foco no caso da Bolívia em 2019. Quando os votos contados tardiamente resultaram em uma vitória apertada para o titular, seguiram-se acusações de fraude – com consequências políticas dramáticas. Mas descobrimos que a tendência

O GOLPE: OEA E A FRAUDE

> de participação nos votos pode ser explicada sem invocar fraude, e que a mudança supostamente suspeita nos votos contados tardiamente foi, na verdade, um artefato de erros metodológicos e de codificação por parte dos observadores eleitorais. Documentamos padrões semelhantes nos outros três casos. Os detalhes são específicos do contexto, mas os principais insights são gerais: as tendências de tempo dos processos legítimos de contagem de votos são muito mais variadas – e os erros na análise influente muito mais frequentes – do que alegam os céticos eleitorais (Idrobo; Kronick; Rodriguez, 2020, p. 1, tradução nossa).

Os referidos investigadores contestam o informe da OEA por ter observado o suposto irregular salto de votos direcionados a Evo quando a apuração beirava 95% do total. Os pesquisadores se dão conta de que a OEA negligencia a tendência forte e tradicional de certas regiões isoladas e de difícil acesso em direcionar votos a um mesmo candidato, comprovada, por exemplo, com a análise das eleições anteriores, que não foram impugnadas e tiveram margem igualmente quase que consensual para Evo. Além disso, a contagem de votos das regiões distantes e o longo tempo para que sejam contabilizados e transmitidos a zonas eleitorais não produz regularidade ou padronização estatísticas a ponto de determinar previamente o vencedor das eleições. Na realidade, a contagem se dá de forma aleatória impedindo conclusões prévias sobre a existência ou não de uma vitória logo no primeiro turno, no caso boliviano. A eleição presidencial de 2016 na Bolívia, inclusive aprovada pela OEA, demonstra fenômeno semelhante ao de

2020, no qual a contagem de votos perto do final da apuração conduziu a um crescimento da vantagem de Evo sobre o seu concorrente, tendo como causa votos em massa oriundos dessas mesmas regiões mais afastadas.

Como se vê, todas essas análises acabam por revelar o amadorismo e incompetência técnica do relatório elaborado pela OEA chefiada por Almagro. Caso estejamos errados nessa análise sobre a OEA, isto é, não houve incompetência ou amadorismo, a hipótese que nos resta a considerar é que se tratou de uma visão sobre o processo eleitoral compatível com interesses imperialistas norte-americanos com a intenção de desestabilizar o governo de Evo Morales. Talvez os dois procedimentos tenham andado lado a lado!

> Como se demonstrou em seguida, nada do que dizia o informe preliminar [da OEA] tinha base científica adequada para justificar uma conclusão tão lacônica: anulação das eleições e abertura de um novo processo eleitoral. Veja os informes da CERP (*Center of Economic and Policy Research*) e da CELAG, assim como o trabalho realizado por especialistas em temas eleitorais do MIT (Massachusetts Institute of Technology), John Curiel e Jack R. Williams. Bastam para comprovar como a OEA de Almagro violou os princípios mais básicos da estatística, ao mesmo tempo que demonstrou um grande desconhecimento dos sistemas eleitorais em geral e do boliviano em particular (Serrano, 2022, p. 54).

Porém, o que nenhum desses estudos que desmentem o parecer da OEA sobre os resultados das eleições na Bolívia em

O GOLPE: OEA E A FRAUDE

2019 discutem é: por qual motivo regiões mais distantes, rurais e de selva, com predomínio de grupos étnicos indígenas votam em massa ou quase que de forma consensual e unânime em Evo Morales? A partir desse questionamento, gostaria de apontar uma resposta possível a partir de um conhecido estudo de Pierre Clastres presente no livro *A sociedade contra o Estado* (1974), e por meio de algumas percepções que obtive ao ouvir camponeses na Bolívia e almoçar com Evo Morales, após nossa entrevista em fevereiro de 2022, num restaurante de rua repleto de pessoas.

Clastres foi um antropólogo francês que na segunda metade do século passado estudou os grupos étnicos Guayaki, Guarani e Yanomami na América do Sul. No livro *A Sociedade contra o Estado*, muito ovacionado por anarquistas, reflete sobre o fato de que sociedades desorganizadas em que predomina a recíproca desconfiança entre os seus indivíduos há exigência de normas burocráticas e autoridades mais hostis para impor a ordem e a paz. Ou seja, o Estado se faz necessário às sociedades nas quais seus membros são adversários e vivem sob tensão, de modo que nelas há líderes que agem com padrões autoritários, impondo de forma vertical dever e ordens a serem cumpridas por todos. Clastres se dá conta de que entre os povos indígenas por ele estudados este tipo comportamento inexiste, sendo os Estados inúteis às relações sociais, o que justifica inclusive a sua ausência. Por isso, o título da obra, *A sociedade contra o Estado*. Sem Estado, sem leis, sem opressões rigorosas entre os indígenas. Em primeiro lugar, há uma relação entre os componentes dos povos indígenas em que há confiança e um elevado grau de sincronia nos hábitos e costumes (o que não significa dizer que todas as relações sejam plenamente harmônicas). As decisões da vida coletiva são tomadas sob consenso e unidade. O bem é coletivo, nunca individual. A concepção de líder, acrescenta Clastres, destoa das visões ocidentais. Líder não é quem manda, gera medo ou impõe à força ou de modo vertical as suas ordens ou regras. Nos povos estudados por Clastres, líder é quem concede, fornece benefícios coletivos, quem ouve e aconselha, quem permite consensos e a manutenção da unidade da comunidade.

Como se vê, trata-se de uma outra categoria de liderança que destoa das ocidentais. Clastres anuncia sua descoberta como uma revolução copernicana para a política e a antropologia, posto que houve inversão radical sobre os preceitos que conferem características à noção de liderança. Na cultura ocidental de matriz europeia, estamos habituados com líderes que se posicionam de forma vertical sobre a sociedade, conferindo a ela a obrigatoriedade na obediência e punições como consequências da falta dela. Longe do individualismo ou do cada um por si presente na cultura ocidental, distante também do caráter vertical da liderança, Clastres indica que as comunidades indígenas vivem sob unidades, consensos e unanimidades, em que o indivíduo se pensa como parte integrante do todo, formando o uno. Nesse sentido, o líder atua de forma horizontal com a intenção de ter seu prestígio em função de sua capacidade de mediar conflitos, ceder sua atenção e promover equilíbrio nas relações entre os membros da comunidade. É líder quem ouve, quem aconselha, quem está ao lado e não acima de seus semelhantes.

O golpe: OEA e a fraude

Ter poder não está relacionado ao acúmulo de riqueza, à ostentação ou impor o temor sobre os subordinados.

Apesar de haver diferenças culturais e étnicas entre os indígenas estudados por Clastres em relação aos povos presentes na Bolívia, não deixa de ser relevante refletir sobre a ressonância desse estilo de liderança indígena sobre a maioria dos grupos étnicos da América do Sul, apesar de certa distância geográfica entre eles. O fato é que nem a política nem a noção de sociedade presentes no Ocidente são idênticas aos modos como os povos indígenas enxergam estas relações. No caso das eleições bolivianas, vale dizer que o voto, sobretudo nas regiões rurais e selváticas têm caráter étnico. Vota-se em Evo por ele ser um igual e um representante que ilustra seus sentimentos e visões de mundo. Sendo o voto étnico e Evo uma liderança indígena, os sentimentos de comunidade, unidade, consenso e unanimidade imperam, de forma que Evo alcança historicamente ou em diferentes eleições índices bem acima de 90% naquelas regiões distantes e tomadas como problemáticas pela OEA, considerando-as como irregulares e fraudulentas.

Alfredo Serrano (2022) descreve Evo Morales como um político que ouve bastante sobre estudos e análises de seus governos e gestos. Observa-o como paciente, permanece em silêncio para capturar cada detalhe do que lhe é dito. Ouve, entende, concorda. Serrano descreve-o no exílio com escassez de recursos financeiros e levando uma vida muito simples. Tive a mesma impressão quando o entrevistei no dia 28 de fevereiro de 2022 na Bolívia. Não vi riqueza ou ostentação. Evo é também alguém que pergunta bastante, curioso sobre os acontecimentos do Brasil, da economia, da política, do futebol, da comida, sobre o casamento de Lula, queria saber como estava e quando iria à Bolívia. Após nossa entrevista, gentilmente me convidou para um almoço (um delicioso peixe, o tambaqui, seu prato predileto, afirma Serrano) ao lado do nosso editor, Thomás Vieira, e Jobana Moya. Estávamos num veículo que foi seguindo o de Evo com o que pareciam ser um único segurança e a sua assessora. Chegamos a um restaurante de rua e quando Evo saiu de seu carro uma multidão o rodeou para abraçá-lo, conversar ou mesmo para pedir o que fosse, não só atenção como resolver qualquer coisa. Fiz o registro dessa situação com uma câmera de celular e postei no Instagram. Evo pacientemente abraçou e ouviu cada um deles até nos direcionar à mesa. Ficamos com Evo por mais uma hora e meia, aproximadamente. Falava de futebol, de comida brasileira e boliviana, de suas expectativas em outros esportes. Não bebe álcool em público, apenas sucos. Depois que nos despedimos, fui a convite de um parente de Jobana visitar camponeses idosos plantadores de coca. Falavam com muito orgulho de Evo, que o conheciam desde quando ele era jovem; comentavam da resistência às opressões policiais e como Evo ajudava a comunidade, a ponto de tê-la colocado no mapa-múndi. Todos esses comportamentos fizeram com que imediatamente o relacionasse à concepção de líder descrita por Clastres. Evo não é quem manda, ele é uma figura decolonial que fez com que as comunidades indígenas alcançassem o poder. Poder, nesse caso, não se refere a concentrar riquezas e subjugar outros indivíduos; o poder de Evo relaciona-se a compartilhar as riquezas nacionais em proveito da dignidade humana contra o imperialismo e a exploração dos povos originários, e agir em conformidade com a Mãe Terra.

CAPÍTULO 08

EVO: GOLPE, EXÍLIO E RETORNO

As páginas a seguir sintetizam as descrições elaboradas por Alfredo Serrano em seu livro *Evo, operación rescate* (2022) que relata a renúncia ao cargo de presidente e a fuga de Evo da Bolívia. Revela os esforços diplomáticos do México e de Alberto Fernández, eleito presidente da Argentina em 2019, porém ainda sem assumir o cargo, ainda ocupado pelo final de mandato do direitista Macri em seus últimos dias de governo, negligente a Evo. Serrano, de origem catalã, residente em Buenos Aires, jornalista e pesquisador, foi determinante para que Evo saísse com vida do golpe de Estado e da Bolívia em meados do início do mês de novembro de 2019, em meio à onda de violência e golpismo que assolava o país após as peripécias de Almagro e a OEA, além dos movimentos de extrema direita no país.

O mais curioso dessa história que narraremos a seguir é que Serrano não é diplomata, nem ocupante de cargo público de qualquer nação. Porém sua rede de contatos salvou a vida de Evo Morales e seu vice, García Linera. Em novembro de 2019 ocorria em Buenos Aires uma reunião do Grupo de Puebla com a intenção de refletir e redefinir o papel das esquerdas e dos movimentos sociais na América Latina diante da década que proporcionou à região a eleição de governos conservadores de direita e que colocavam em risco a democracia e as conquistas sociais dos últimos anos operadas por governos progressistas. Serrano descreve a participação de Dilma Rousseff, Alberto Fernández (eleito presidente no dia 27 de outubro e que assumiria o cargo no dia 10 de dezembro), entre outros diplomatas e representantes das esquerdas da América Latina e Caribe. Apesar do golpe em marcha na Bolívia desde o dia 20 de outubro, mesmo dia das eleições naquele país e dos confusos comunicados da OEA de Almagro, a reunião do Grupo de Puebla, ao menos, contou com a ótima notícia da libertação de Lula no Brasil no dia 08 de novembro, que havia estado preso desde o dia 07 de abril de 2018 por conta de ações de *lawfare* que o acusavam de corrupção, sem provas, com processo amador e considerado por muitos juristas tosco, tal qual o parecer da OEA sobre a situação das eleições na Bolívia, conforme descrevemos. Lula, inclusive, enviou uma mensagem gravada ao Grupo de Puebla que se reunia em Buenos Aires e foi ovacionado com gritos de *Lula Livre*!

Serrano aponta que no dia 09 de novembro, à noite, enquanto estava na reunião do Grupo de Puebla, decidiu contatar, usando seu celular, o governo Evo por meio de seus ministros, com quem tinha contato já há algum tempo. Horas depois, próximo a Alberto Fernández, recebeu uma ligação do próprio Evo que se encontrava na região do Trópico de Cochabamba, escondido dos manifestantes de direita que o queriam vivo ou morto a mando das elites bolivianas e do governo dos EUA. Serrano passou seu celular a Fernández, que o questionou sobre qual era a situação. A curta conversa entre Evo e Fernández deu início ao comprometimento do recém--eleito presidente argentino para que o ajudasse como pudesse. Serrano engajou-se nesse intento, se comunicando com o vice-presidente boliviano, Álvaro García Linera, que a todo tempo esteve ao lado de Evo Morales. Usando o WhatsApp, Linera relatou na noite do dia 09 de novembro que as forças policiais estavam amotinadas, não sendo possível contar com elas para manter Evo em segurança ou qualquer outro membro do governo. Conversas operadas por Serrano com outros membros do governo boliviano com o mesmo aplicativo davam conta de que nem mesmo a guarda do Palácio presidencial fornecia qualquer apoio. No mesmo dia e em outro momento, Dilma Rousseff utilizou o telefone de Serrano para perguntar a Álvaro García Linera qual era a situação das Forças Armadas e a resposta foi desapontadora. Os militares ainda não haviam tomado às ruas, mas também não se opunham aos grupos civis de extrema direita que geravam conturbações. Em outras palavras, o governo de Evo não poderia contar com as polícias ou as Forças Armadas. Serrano ainda comenta que tentou, ao lado de diplomatas que se encontravam na conferência no Grupo de Puebla, entrar em contato com Almagro e a OEA, porém não obtiveram sucesso. Tentou-se também, com a intermediação do ex-presidente do Panamá, Martín Torrijos, contato com Carlos Mesa, oponente de Evo e candidato à presidência da Bolívia. Porém, Mesa negou-se a negociar com o grupo que se encontrava em Buenos Aires e que procurava intermediar as tensões políticas bolivianas.

Serrano, naquela mesma noite, continuava se comunicando com membros do governo Evo. Recebia novos relatos de enfrentamento dos opositores. Recebeu também a informação de que na passagem dos dias 09 e 10 de novembro, Morales se descolocou para La Paz, não saindo do aeroporto de El Alto por segurança. Às 6h da manhã a OEA divulgou no Twitter seu relatório final com a recomendação de anulação das eleições. Evo, horas antes, buscou ligar para Almagro para que o relatório apenas fosse publicado no prazo acordado com o governo, após o dia 12 de novembro. Almagro não retornou ou respondeu à ligação. Como vimos, esse último relatório, antecipado em dois dias em relação ao que havia sido combinado com as autoridades bolivianas exigia a saída pacífica de Evo da presidência, no entanto, inflamou manifestações ainda mais violentas, incentivando milícias armadas, agora com apoio de grupos militares e policiais, candidatos perdedores (entre eles Carlos Mesa) e os meios de comunicação. Todos eles exigiam a deposição e prisão de Evo a todo custo, além de estimularem a ocupação das praças públicas.

Ainda no aeroporto e na madrugada, Evo e seus assessores já organizavam os movimentos sociais para tomar as ruas, os prédios públicos e os pontos estratégicos das principais cidades. Em conversa com Álvaro Linera, Serrano menciona no seu livro que a sensação do vice-presidente era a de que queriam Evo Morales morto. O receio também girava em torno de que ambos seriam mortos em praça pública. Evo deseja ficar na Bolívia, porém foi convencido de que deveria deixar o país às pressas. Linera descreveu que na mesma madrugada tentou-se novo contato com a OEA, agora com o secretário de Almagro (por volta das 5h). Serrano afirma que não se sabe o que foi conversado entre Evo e o secretário de Almagro. O fato é que às 6h, a OEA publicou no Twitter o desastroso relatório. Às 7h35min, Morales convoca uma entrevista coletiva, anunciando que aceita novas eleições sem se apresentar como candidato. O objetivo desse gesto era pacificar o país, sendo que no dia anterior a casa de sua irmã havia sido queimada.

No mesmo dia, a Central Obrera Boliviana (COB), antes aliada de Evo, passou a exigir a sua renúncia, juntando--se aos grupos golpistas. Fernando Camacho (o "Bolsonaro boliviano"), com milhares de manifestantes, cercou o centro de La Paz, no entorno do palácio do governo e do Congresso. Evo, nessa altura, ainda desejava que os movimentos sociais marchassem até esses mesmos espaços para que a população recuperasse simbolicamente a democracia. Horas mais tarde, as Forças Armadas fizeram movimentações áreas sem a autorização do governo. Era uma demonstração de que os militares não estavam mais com Evo e não o apoiariam para nada. Naquela mesma manhã, Evo foi informado de que o avião presidencial não estaria mais disponível e, agora, sob controle militar. Linera comenta a Serrano que às 7h da manhã, as Forças Armadas haviam disparado em Oruro contra manifestantes apoiadores de Evo que bloqueavam estradas. Na tarde do dia 10 de novembro, o comandante chefe das Forças Armadas exigiu oficialmente a renúncia de Evo, assim como as forças policiais. Serrano observa que as Forças Armadas não começaram o golpe, porém o concluíram (2022, p. 72). De fato, a origem do golpe é civil, mas ganhou contornos militares. Evo locomoveu-se corajosamente de El Alto para o Trópico de Cochabamba com o avião presidencial, à revelia das Forças Armadas, aos gritos dando ordens para que o avião decolasse. Em Chimoré, o avião foi obrigado a pousar no terminal militar e não civil, como de costume. Evo foi salvo e escoltado por carros onde estavam prefeitos e membros dos movimentos sociais da região que desobedeceram às Forças Armadas. Sem eles, certamente teria sido capturado.

Em Chimoré, Evo e Linera decidem renunciar para evitar o derramamento de sangue e a ampliação dos conflitos. A renúncia foi realizada no dia 10 de novembro às 16h50min. Vejamos alguns trechos de sua renúncia:

> Renuncio ao meu cargo de presidência, para que Mesa e Camacho não sigam perseguindo aos meus irmãos, a dirigentes sindicais; para que Mesa e Camacho não sigam queimando as casas de governadores do MAS, de assembleístas e conselheiros [...]; que não sigam prejudicando às pessoas mais humildes; por isso, estamos renunciando, para que as autoridades do MAS não sigam sendo hostilizadas, perseguidas, ameaçadas. Lamento muito este golpe cívico [...]. Minha responsabilidade

como presidente indígena é buscar a pacificação [...].
Hoje é o momento de solidariedade entre nós, amanhã
será o momento de reorganização e o passo à frente
dessa luta que não termina com estes tristes eventos
[...]. Estou renunciando. Estou enviando minha carta
de renúncia à Assembleia Legislativa Plurinacional de
Bolívia [...] Meu grande desejo é a paz social [...]. A
luta não termina aqui [...] (Morales, 10/11/2019).

Em La Paz, instantes depois de Evo anunciar a renúncia,
Camacho desfilava nas ruas ao lado de militares, policiais e com
outros tantos apoiadores de extrema direita com Bíblias nas
mãos. Se encaminhavam em direção ao Palácio Quemado, sede
do governo boliviano. Comemoravam o fim de um governo
considerado pagão. Macri, Trump e Bolsonaro saudavam a vitória dos extremistas. Bolsonaro publicou na sua conta pessoal no
Twitter: "um grande dia a renúncia de Morales" (10/11/2019).

A partir desse momento, Evo Morales foi lançado à própria sorte e precisou fugir da Bolívia imediatamente. Serrano
nos descreve toda trama envolvendo sua saída do país, ao lado
de Linera e Adriana Salvatierra, presidenta do senado que renunciou trinta minutos depois de Evo. Serrano, no dia 10 de
novembro, seguia participando da conferência do Grupo de
Puebla e ajudou Evo com sua fuga por meio de articulações
que realizou junto a diplomatas de alto escalão mexicanos. Os
diplomatas cederam a embaixada e consulados mexicanos na
Bolívia para perseguidos políticos que mandavam mensagens
a Serrano, e foram prontamente atendidos. Linera, às 20h daquele dia, solicitou a Serrano para que um avião da Argentina

o pudesse tirar do país ao lado de Evo e Adriana. Linera havia informado que estavam em um monte, bem escondidos na região de Chimoré, e alguns quilômetros de distância do aeroporto local. Nitidamente temia pela vida dos três. Em seguida, informado do caso, Alberto Fernández ligou para o então presidente argentino Macri, que recusou qualquer apoio.

O passo seguinte foi solicitar, com contribuição de Fernández e com urgência para que diplomatas mexicanos os auxiliassem, o envio de um avião, pedido aceito prontamente pelas autoridades do México. Fernández fez uma ligação telefônica ao presidente do Paraguai, Mário Benítez, que apesar de direita e conservador, filho de um apoiador de ditaduras naquele país, aceitou contribuir, talvez visando boas relações com o futuro presidente argentino. Serrano contou com o apoio dos diplomatas mexicanos Efraín Guadarrama e Max Reyes, que representavam o presidente mexicano, Manuel López Obrador, na conferência do Grupo de Puebla. Em menos de quinze minutos e em meio à conferência, o governo mexicano se comprometeu a enviar um avião militar à Bolívia, ainda que não houvesse autorização imediata de autoridades bolivianas (agora golpistas) para tanto; depois, sem qualquer autorização, o avião mexicano acabou por fazer escala em Lima (Peru). Rapidamente buscaram justificar a ação afirmando que seria um avião sob missão humanitária para retirar cidadãos e oficiais do governo mexicano das zonas de conflito na Bolívia.

Serrano se viu na condição de telefonista, articulador de uma missão diplomática, ainda que não possua cargo em governo algum. Criou uma lista de WhatsApp intitulada *"ahuevo"* (no espanhol mexicano a gíria significa "claro que sim", com a curiosa menção a "Evo") com os diplomatas do México para que todos acompanhassem o desenrolar daqueles acontecimentos. Serrano se comprometeu a informar permanentemente Fernández, que se mostrava muito preocupado. Em seguida, Evo e Linera foram informados de que Paraguai e México disponibilizaram ajuda e autorizaram suas entradas nos seus respectivos países. Evo deu preferência ao México e ao governo de esquerda de Obrador. Uma hora depois (por volta de 20h15min – usaremos o horário boliviano e não o argentino, uma hora à frente das descrições temporais feitas por Serrano) e usando o WhatsApp, Efraín, o diplomata mexicano, solicita a Serrano dados de localização para fazer pousar o avião militar de seu país. Sem conhecimento algum sobre aviação, Serrano busca dados sobre o aeroporto de Chimoré e os envia para as autoridades mexicanas. Não há dúvidas de que Serrano é um herói e responsável pela vida de Evo.

Por volta das 20h30min, Linera envia mensagem por WhatsApp a Serrano descrevendo que havia sido informado que o aeroporto de Chimoré estava ocupado pela polícia boliviana. Diante dessas indefinições, o avião ainda não havia decolado do México para um voo de aproximadamente seis horas até Chimoré ou Lima. Ainda assim, às 22h30min (horário boliviano), o avião decola sem ter informações precisas se o pouso ocorreria de forma legal e com segurança na Bolívia. Linera solicita para que Serrano entre em contato com o comandante da Força Aérea boliviana para tentar o resgate. Por volta da 1h da manhã do dia 11 de novembro, Linera envia nova mensagem a Serrano dizendo que apoiadores de Evo, centenas de milhares deles, haviam ocupado parte do aeroporto de Chimoré, sendo a outra parte ocupada por forças policiais e militares. No meio da madrugada, decidiu-se que o avião já a caminho, deveria pousar em Lima por questões de segurança até obter autorização de autoridades bolivianas.

Às 5h, Linera perde a bateria de seu celular e informa a Serrano um outro número. Às 7h, o avião pousou em Lima. Serrano descobriu que nesse meio tempo corria em La Paz a notícia que Evo era procurado vivo ou morto. Próximo às 9h da manhã do dia 11 de novembro, Linera informa a Serrano, por meio de mensagem de texto no WhatsApp, que a única maneira de retirar Evo do país seria por meio de uma multidão de apoiadores presentes no aeroporto, constituindo espécie de barreira humana até alcançar o avião. Às 11h, o avião mexicano ainda não tinha decolado por não possuir o número de documento que o autorizaria sobrevoar o espaço aéreo boliviano. Serrano insiste em tentar contato com Kaliman Romero (chefe da Força Aérea boliviana). Apesar do contato, havia a autorização, porém retardo na liberação do número do documento, afinal de contas as Forças Armadas apoiaram o golpe. Por volta das 13h, Serrano resolve inventar o número e enviar ao piloto do avião mexicano (que se encontrava ainda em Lima) e o avião decola. Segundo Serrano:

> Não havia outra saída a não ser usar um número qualquer, inventado, se queríamos provocar o mesmo efeito que o 5-4-3-2-1 que faz decolar os foguetes [...] A ideia era obter um número (o que fosse) da torre de

> controle do aeroporto de Chimoré, porque em contra-
> partida tínhamos uma autorização. Mesmo que fosse
> uma autorização com a boca pequena, ao fim e ao cabo
> já era uma autorização, e nos habilitava a apresentar
> um "maldito" número (Serrano, 2022, p. 136).

Linera, tendo sido informado que o avião decolara de Lima em direção a Chimoré, iniciou com Evo e Adriana o cuidadoso deslocamento do monte até o aeroporto, onde perto dele encontrariam milhares de apoiadores. Estas multidões estavam sacrificando suas próprias vidas para que Evo chegasse até o avião e, portanto, considerado diplomaticamente território mexicano. Por volta das 14h, Alberto Fernández envia mensagem a Serrano demonstrando preocupação pelo fato de que foi informado, por meio do embaixador da Bolívia na ONU, que nenhum avião havia sido autorizado a pousar em solo boliviano. Às 14h30min, o piloto mexicano informa que foi avisado que não possuía autorização para entrar no espaço aéreo e o avião retornou para Lima, onde aterrisou por volta das 16h.

Evo, Linera e Adriana voltam ao monte. Horas mais tarde, autoridades mexicanas entram em contato com as Forças Armadas bolivianas anunciando que foi fornecido a Evo asilo político e pediam oficialmente autorização para o pouso do avião. A autorização foi enfim concedida com as burocracias necessárias, porém o governo do México foi advertido de que o avião não poderia ser abastecido após às 22h da noite. O governo peruano mostrava-se pouco solícito e anunciou que não gostaria de ter o avião de volta com Evo Morales dentro dele e que solicitariam os passaportes dos passageiros, embora Evo,

Linera e Adriana não os tivessem, o que produziria problemas imigratórios ou mesmo deportação. Serrano aponta que o governo do Peru na época, presidido por Martín Vizcarra, estava em crise com as Forças Armadas, motivo pelo qual não teria havido boa vontade em receber Evo, ainda que por algumas poucas horas até ser deslocado ao México.

Tendo em vista esta situação com o Peru, Alberto Fernández voltou a solicitar ajuda ao governo conservador do Paraguai, que não hesitou em contribuir com o futuro presidente da Argentina, fornecendo seu espaço aéreo e aeroporto para que o avião mexicano pudesse reabastecer para o seu retorno ao país de origem. Resolvidas as pendências, 20h30min o avião mexicano entrou no espaço aéreo boliviano em direção a Chimoré onde pousou às 21h09min. Na Bolívia, o avião apenas poderia ser reabastecido no dia seguinte. O Paraguai se mostrou a melhor alternativa naquela noite do dia 11 de novembro, caso contrário, Evo correria riscos, apesar de estar no avião (considerado território mexicano). Serrano afirma que Fernández descartou solicitar que o avião pousasse no Brasil de Bolsonaro ou no Equador de Lenin Moreno, presidentes declaradamente críticos de Evo Morales e da esquerda. A Venezuela seria uma alternativa, porém o avião teria que passar antes pelo espaço aéreo do Brasil e da Colômbia (igualmente um pária do governo de Evo).

Como se não bastasse, às 22h30min, quando o avião estava pronto para decolar de Chimoré em direção ao Paraguai, o piloto informou a Serrano por meio do WhatsApp que a Força Aérea boliviana não havia autorizado a decolagem sem

EVO: GOLPE, EXÍLIO E O RETORNO

a permissão paraguaia. No entanto, 22h55min, o embaixador mexicano no Paraguai conseguiu a autorização daquele governo. Ainda assim, os militares bolivianos relutavam e impediam que o avião saísse. Serrano descreve que Evo Morales resolveu se comunicar com oficiais militares, informando que caso o avião não decolasse, os cerca de seus 10 mil apoiadores que estavam no aeroporto poderiam entrar em conflito sangrento com as autoridades ali presentes. Serrano avalia que caso não houvesse essa ameaça por parte de Evo, certamente o avião não teria a decolagem autorizada, pois o conflito geraria críticas da opinião pública contra os militares. Estes últimos, por sua vez, estavam diante de um dilema: ou autorizavam a decolagem ou haveria massacre e barbárie. Apenas a ameaça de violência foi capaz de conscientizar os militares. Sem alternativa, o avião decolou em direção ao Paraguai.

Obrador, presidente mexicano, em seu livro intitulado *A la mitad del caminho*, publicado em 2021, descreve que o piloto do avião mexicano observou minutos após à decolagem um clarão típico de projéteis ou foguetes, tendo que desviar o avião. Certamente, o projétil foi lançado por militares bolivianos e poderia ter explodido o avião, talvez fosse uma tentativa de intimidação sem que se tentasse atingir o alvo. Quando entrevistei Evo em fevereiro de 2022, perguntei a ele sobre o que sabia desse ataque com o míssil ou projétil. Fiz algumas gesticulações imitando os relatos de tentativa de explodir o avião e Morales apenas parece ter gesticulado afirmando com sua fisionomia e movimento corporal: "assim foi", mas na verdade respondeu com sua voz: "Eu não me dei conta disso", seguido de breve silêncio e depois voltou a discorrer sobre outros elementos do golpe. Ele não quis comentar muito a respeito. Imagino o trauma de toda essa situação, que o fez dar uma resposta lacônica, bem diferente de quando questionava sobre sua infância e juventude e me fornecia respostas ricas em detalhes no início de nossa conversa.

Evo estava são e salvo! Serrano soube depois, por meio de Alberto Fernández e a partir de sua mediação, que Ernesto Araújo, ministro das Relações Exteriores de Jair Bolsonaro, que nos dias anteriores ajudou conspirar contra Evo e nos dias seguintes participou ativamente do processo de sucessão da Bolívia, deu autorização para que o avião mexicano sobrevoasse o espaço aéreo brasileiro. O Equador não cedeu para o avião se dirigisse ao México. No dia 12 de novembro às 14h15min (horário da Bolívia) o avião chegou à Cidade do México. Missão cumprida!

No dia 12 de novembro, a senadora conservadora Jeanine Áñez assume o cargo de presidenta da Bolívia em meio a muitas polêmicas. Ainda no dia 10 de novembro de 2019, às 18h30min da tarde, um pouco menos de duas horas após a renúncia de Evo Morales, A Igreja Católica, segundo César Miranda (2021, p. 420), convocou uma reunião no prédio da Universidade Católica Boliviana (UCB) localizada em La Paz com representantes da União Europeia, a embaixada do Brasil e a *Comunid Ciudadana* de Carlos Mesa e Camacho. A reunião buscava uma saída constitucional para decidir a linha sucessória, considerando que Evo, Linera e Adriana (presidente do Senado) haviam renunciado. A Igreja Católica serviu de elemento unificador da direita, tendo escolhido Áñez como presidenta *de fato* (termo jurídico empregado para descrever a institucionalização de governos que usurpam o poder político). Áñez era a segunda vice-presidente do Senado da Bolívia. Sua escolha representava mais uma estratégia dos chamados golpes suaves, pois a Constituição boliviana não prevê a convocação da segunda vice-presidenta do Senado na linha sucessória. César Miranda descreve o perfil da nova governante *de fato*:

> Fabricaram a solução e a Presidenta. A senadora [...] do partido Movimento Social Democrático liderada pelo governador de Santa Cruz Rubén Costas, que obteve 4% nas eleições de outubro. Jeanine Áñez era a segunda vice-presidenta do Senado [...]. Sem brilho parlamentário midiático, sem imagem política e sem nenhuma liderança regional, tampouco teve um rol protagonista no interior de suas bancadas parlamentares, destacou-se em algum momento por ter tuits racistas, discriminatórios ou postar alguma foto nas suas redes sociais com bandeiras e consignas que fazia referência à oposição ao governo do Presidente Evo (Miranda, 2021, p. 422-424).

Do ponto de vista jurídico e constitucional, tratou-se de um governo autoproclamado, pois os ritos governamentais bolivianos exigem que o poder Legislativo tenha primeiro recebido as cartas de renúncia da Presidenta do Senado (Adriana) e de seu vice, o que não ocorreu quando ela foi conclamada chefe do poder Executivo. Além disso, no dia 12 de novembro não havia quorum suficiente no Senado para que houvesse a sessão de nomeação, conforme manda a Constituição. Na verdade, a maioria dos senadores do MAS foram impedidos de entrarem no parlamento pela polícia e manifestantes, e ainda assim Jeanine Áñez foi proclamada presidenta. Na realidade, a regra constitucional exigia que por eleição entre os senadores se escolhesse um novo presidente, o que também não ocorreu. Áñez, portanto, foi a escolhida por pressão de grupos de extrema direita e interesses imperialistas. Com apoio dos EUA de Trump e do Brasil de Bolsonaro (o Brasil foi o primeiro a reconhecer o seu governo), Áñez toma posse com a Bíblia na mão e afirmando que ela, a Bíblia, havia retornado ao palácio. O chanceler de Bolsonaro, Ernesto Araújo, anuncia oficialmente a jornalista e no Twitter: "A Presidência estava vazia e ela assumiu a Presidência do Senado, que também está vazia, e assumiu constitucionalmente a Presidência. Assim sendo, nossa percepção é de que se está seguindo a Constituição boliviana" (13/11/2019). O secretário de Estado dos EUA, Mark Pompeo declarou: "O país aplaude a senadora Jeanine Áñez por tomar posse como presidenta interina para guiar a nação nesta transição democrática, sob a Constituição da Bolívia" (13/11/2019). O apoio internacional criou falsa feição constitucional. Áñez permaneceu no poder até 08 de novembro de 2020, realocando a Bolívia ao ideário imperialista e colonial. Procurou promover privatizações, cortou direitos sociais e, pior, tal como Bolsonaro, foi omissa durante a pandemia de COVID-19 conduzindo a centenas de milhares de mortes, sendo acusada de negacionista. Além disso, reprimiu manifestações contra seu governo, sendo acusada de mandante de muitos assassinatos. Foi levada à prisão. Devido à própria pandemia, eleições previstas para presidente foram adiadas quatro vezes: primeiro, em maio de 2020; depois em junho, em seguida setembro e, por fim, para 18 de outubro.

Evo Morales, no México, foi direcionado a uma casa com proteção policial. Com a posse de Alberto Fernández no dia 10 de dezembro de 2019, manifestou seu desejo de permanecer exilado na Argentina. Evo chega ao território argentino no dia 13 daquele mês. Buscou se instalar na região de Orán, muito próxima à fronteira com a Bolívia para reorganizar sua vida política e, agora, a oposição. Porém a pandemia e a distância com a capital dificultaram esse intento. Acabou ficando em Buenos Aires numa casa simples emprestada por uma simpatizante. Evo Morales soube que a embaixada mexicana na Bolívia, nesse meio tempo, havia sido atacada por extremistas de direita e o governo boliviano buscou a Interpol para que fosse preso. No dia 19 de fevereiro, a justiça boliviana impediu que Evo fosse candidato a senador nas eleições daquele ano, ainda uma incógnita devido à pandemia. Passou a se engajar, mesmo distante, no apoio a Luis Arce do MAS, realizando reuniões presenciais (quando a pandemia permitia) e principalmente on-line com políticos e articuladores bolivianos.

Tornou-se chefe da campanha presidencial de Luis Arce. Durante a campanha de 2020, mais fake news contra Evo, agora acusando-o de estupros de menores de idade, viver de forma ostentosa na Argentina e terrorismo. No mês de agosto, Evo perde sua irmã para o coronavírus. Após a vitória de Luis Arce, Morales retorna à Bolívia no dia 09 de novembro de 2020, um ano após o golpe. Simbolicamente, Alberto Fernández o acompanhou até a fronteira entre Argentina e Bolívia. A ideia era entregar Evo ao país e ao seu povo. Evo passou dois dias percorrendo o país, passando em localidades diversas de Potosí, Uyuni e Cochabamba até retornar a Villa Tunari, sendo abençoado ou passando por limpeza espiritual por várias lideranças religiosas; foi calorosamente abraçado por indígenas e camponeses que comemoravam o retorno de seu representante máximo.

O golpe da Bolívia em novembro de 2019, a tentativa de invasão no Capitólio nos EUA, incentivada pelo candidato derrotado à presidência, Donald Trump em 06 de janeiro de 2021, assim como uso massivo de *fake news*, as tentativas de deslegitimação dos processos eleitorais e de seus resultados, a disseminação de posicionamentos golpistas e antidemocráticos ou de ataque às instituições que consolidam a democracia, todos estes aspectos trouxeram algumas lições importantes para os meios de comunicação minimamente comprometidos com a civilidade, e cientistas político mundo afora, que julgavam blefes as falas de figuras de extrema direita, como o próprio Bolsonaro antes de serem eleitos.

A primeira dessas lições é a de que a extrema direita está de volta no mundo ocidental e com muita força política. Usando técnicas de persuasão através de redes sociais e meios de comunicação conservadores, têm como seus adeptos fascistas funcionais ou simplesmente ingênuos providos do que a filósofa Marilena Chauí define como analfabetismo político. Cria-se a necessidade de regulamentação por parte dos governos das notícias falsas que possam colocar em risco a civilidade e o funcionamento das democracias. É fato que as democracias estão cheias de falhas, sobretudo no que diz respeito à hegemonia dos posicionamentos neoliberais e figuras das classes economicamente abastadas no poder ou sendo eleitas. A regulação não é sinônimo de censura, senão o de cortar o mal pela raiz, isto é, tendências fascistas que põem em risco não apenas a democracia, como também a integridade física e o direito à vida de grupos que correspondem à diversidade étnica, racial e de gênero.

Outra lição importante é que o uso da *fake news* e o apoio de meios de comunicação aos grupos de extrema direita ensinaram, sobretudo nos EUA e no Brasil, que há sim riscos de golpes de Estado. Os EUA viram o feitiço se voltar contra o feiticeiro com Trump (com política que conduz a golpes suaves e tem origem no pensamento de Gene Sharp, que acabou por colocar a própria democracia dos EUA em risco). Trump, por muito pouco, não promoveu um golpe de Estado com a invasão do Capitólio. Isto fez com que a justiça e a grande imprensa norte-americana buscassem denunciar e incriminar seu ex-presidente, acusando-o de antidemocrático e golpista, um risco ao país.

A imprensa brasileira e a justiça, por sua vez, consideradas capachos, colonizadas e reprodutoras dos interesses imperialistas norte-americanos têm imitado, ao menos isso e felizmente, a tendência da imprensa dos EUA, de crítica severa e desejo de incriminação, agora do ex-presidente Jair Bolsonaro. Cientistas políticos adquiriram maior espaço na mídia para acusá-lo de golpista durante as eleições de 2022.

O GOLPE DE 2019 NA BOLÍVIA

Usavam, como eu durante nessas entrevistas, os exemplos da Bolívia e dos EUA para afirmar categoricamente que Bolsonaro tentaria o mesmo no Brasil Sofri críticas, fui ameaçado em redes sociais, mas sustentei do início ao fim, na verdade desde 2018 quando era um dos poucos que se arriscava em dizer algo mais preciso, que Bolsonaro representa a extrema direita e manifestava o fascismo. Com os conhecimentos do que havia ocorrido na Bolívia e nos EUA, muitos politólogos alertavam que Bolsonaro, em 2022, negaria o processo eleitoral, em seguida, negaria o resultado das eleições e perdendo, como de fato ocorreu, passaria a ambicionar um golpe.

A grande imprensa brasileira, imitando de forma colonial a norte-americana, começou a rever seus dogmas. Acusou o ex-juiz Sérgio Moro, responsável por prender Lula em 2018, de realizar a chamada *lawfare*; o *impeachment* de Dilma ocorrido em 2016 foi rediscutido e se constatou teores improcedentes criados pela jurista declaradamente de direita Janaína Paschoal; sobre Bolsonaro, a imprensa o denunciou, esteve do lado da esquerda e dos movimentos progressistas, com todos os seus limites de análise econômica e política (afinal de contas são representantes do neoliberalismo), mas foram importantes para pôr fim ao governo de fascistas funcionais e conscientemente declarados.

No dia 8 de janeiro de 2023, bolsonaristas inconformados com a vitória de Lula tentaram dar um golpe de Estado. A maioria daqueles manifestantes, tolos de classe média ou abastados, abominações políticas e membros de estamentos privilegiados, fascistas funcionais ou voluntariamente fascistas fizeram uma revolta selvagem e pouco organizada tal qual são suas vidas, formas de pensar ou agir: caótica, repleta de erros infantis, visíveis para as câmeras de TV, publicando ao vivo seus vídeos em redes sociais, usando o Wi-Fi dos prédios governamentais ou sendo gravados pelas câmeras de segurança. No Brasil parece ser muito difícil um golpe civil, ao estilo boliviano contra Evo. A maioria, senão praticamente todos os militares dificilmente embarcariam nas ideias golpistas de Bolsonaro; e os que embarcaram, ao lado da população civil reacionária ou fascistas funcionais, não foram bem-sucedidos. Isso porque não lhes faltavam motivações golpistas, o que havia era déficit cognitivo, com o qual toda manifestação de extrema direita se assemelha à noção de que não se trata de um posicionamento político, na realidade é um distúrbio mental.

Quem melhor nos apresenta esse tema é Theodor W. Adorno quando manifesta no livro *Estudos sobre a personalidade autoritária* (1950) a sua "Escala F" ("F" de fascismo). O que Adorno se dá conta, ao lado de psicólogos, é que os adeptos do fascismo geralmente foram crianças e jovens oprimidos e humilhados pela relação violenta e vertical com seus pais, projetando no futuro o anseio por um Estado forte, ainda mais repressor e autoritário. Trata-se do retorno do recalcado. Talvez, se tratarmos o bolsonarismo, o trumpismo ou os defensores de Camacho como portadores de uma anomalia psicológica tenhamos que promover uma terapia política coletiva primeiro para salvar a democracia, depois (ou não!) para salvar esses fascistas funcionais dos supostos encantos de um mundo conservador, banhado por valores vazios religiosos e assim por diante...

TRANSCRIÇÃO DA ENTREVISTA COM EVO MORALES

Paulo Niccoli: Vou me apresentar: sou professor da Faculdade de Sociologia e Política de São Paulo, este é o Thomás, editor da Editora Coragem, que tem como tema principal a esquerda, as lutas sociais na América Latina, e esta é a Jobana, que vive no Brasil, foi minha aluna e estava por aqui [na Bolívia]. Ela estuda a imigração de bolivianos para São Paulo; há muitos bolivianos por lá, é uma cultura muito forte. Bom, o objetivo desta entrevista é que façamos uma conversa em três partes: a primeira, biográfica, sobre a tua vida, como chegastes à política, depois, sobre o teu governo e a terceira, que me parece ser o motivo principal do livro, sobre o golpe de 2019. Podemos começar?

    Evo Morales: Bem-vindo.

    P.N.: Obrigado por tudo.

E.M.: Esta é a minha casinha, fiz no ano passado... e agora tenho uma dívida de 80 mil dólares. Fui deputado durante dez anos e ganhava mais do que quando era presidente. Antes, o presidente ganhava em torno de 40 mil bolivianos, eu baixei para 15 mil bolivianos, então ganhava mais antes do que quando era presidente. Em quase quatorze anos como presidente deixei de ganhar 60... 70 mil dólares. Então me virei: vivi um ano na sede do sindicato dos cocaleiros das seis federações do trópico de Cochabamba, onde está a rádio Kawsachun, e desde novembro do ano passado fui me mudando, pouco a pouco. Ainda falta montar, e trabalhando no Chaco... essa manhã estava no terreno, pensando: estou criando peixes, colhendo arroz, aipim também, preparando outro terreno para o milho. Saí de lá e voltei para cá, então, o que dizer a vocês? Esta é a minha casinha. Todos pensam que Evo é um milionário, e eu fiz política pela Pátria e não por dinheiro. Tantas acusações, mentiras, não podem provar nada. É só um comentário, uma introdução a essa visita. A primeira visita de um meio de comunicação internacional.

P.N.: Obrigado. Bom, minha primeira pergunta é biográfica, da infância às lutas políticas. Como chegou à política? Trabalhava com futebol, não? Na organização, como dirigente.

E.M.: Eu nasci em 26 de outubro de 1959, na comunidade Isallavi del Ayllu Sullka da região Orinoca, na província Carangas, Jach'a Carangas, um povo milenar, guerreiro, que naquele tempo vivia no departamento de Oruro. Era Estado-Ayllu. O que é o Ayllu? É como o sindicato dos camponeses, é a organização originária. Em umas reuniões que faziam, o Ayllu

Transcrição da entrevista com Evo Morales

Sullka, não há maiorias-minorias, foi aprovado por consenso, por unanimidade, é a democracia comunal. Na democracia ocidental há maiorias e minorias e a minoria sempre se opõe à maioria. Temos esse grave problema. Às vezes comparo a democracia com maioria, minoria e democracia, debate. Então, nessas reuniões não havia presença do Estado. Me recordo, já com dois ou três anos... estávamos em época de chuvas... cada irmão, cada cidadão trabalhava três dias na construção de estradas, o Estado apenas fornecia o vale-transporte. E se não tinha esse comprovante não poderia entrar na cidade, e a cidade vinha com tudo. O camponês não tem nenhum auxílio para fazer sua estrada; multa ou prisão, sim. Te obrigam a trabalhar. O cidadão faz a abertura das estradas, mantém as estradas que já foram feitas, as escolas, tudo construído pelo cidadão. Nossa escola era de adobe, de barro com palha. Os bancos eram de adobe. Minha mãe me mandava com um couro de ovelha para sentar e estudar. Passa o tempo e, já adolescente, dezesseis, dezessete anos, plantava batata, trigo, quinoa, às vezes a produção era pequeninha... especialmente no altiplano boliviano, mas também alguma coisa no vale boliviano, se há seca, geada ou chuva de granizo não há comida o ano todo por ali.

Poderia comentar bastante, mas em 1970, [19]71, à tarde, porque íamos preparar as refeições, quando começava a florescer, meu pai sempre carneava lhama ou ovelha para nós, esportistas, e almoçávamos. E comíamos ou trabalhávamos juntos. Algum dia dividíamos os alimentos, outro dia ficavam para o tio. Terminávamos a tarde contentes, e começava o vento, vinha o vento de lado, do oeste... minha mãe se preo-

cupava: "acho que vem geada, vem o vento, chega a geada…".
No dia seguinte, o alimento verde estava escuro, todo escuro.
Minha mãe chorava, meu pai ficava preocupado. Naqueles
dias meu pai saía para beber. Ele me ouvia, então minha mãe
dizia: ""vai buscar teu pai, que está bêbado". E eu ia buscá-lo.
Estava na sede comunitária, bebendo com os camaradas, e eu
dizia: "vamos, papi", e ele dizia "espera, Evito", e se dirigia aos
outros: "*hermanos*, por mais trabalhadores que sejamos, nunca
vamos melhorar nossa economia" e mesmo com aquela idade,
choravam. Dizia: "vamos a Yungas, a La Paz, não importa que
seja um vale, um pouco na Amazônia".

Yungas de La Paz, tinha um primo que vivia por lá, e ele
seguiu assim, planejando, assim, depois fomos. Não sei se foi
nesse ano ou no ano seguinte que meu pai nos levou a Yungas
para procurar um terreno… caro… não podíamos pagar; temos tantas lhamas… não teríamos o suficiente nem que ven-
dêssemos todas elas. E em [19]80 viemos para cá, em [19]78
estava no quartel, em [19]79 queria estudar; tocando trom-
pete, um pouco para sobreviver em festividades, então vim
para cá com o meu pai, a pé, dormimos aqui, em Villa Tunari,
saímos em busca de terra e encontramos San Francisco. E meu
pai disse: "aqui podemos conquistar algo, vamos comprar essa
terra, podemos vender lhamas, e isso será suficiente… com-
praremos agora", assumindo um compromisso.

Chegamos em Oruro, onde tinha um familiar da minha mãe, em busca de dinheiro. Minha mãe se chamava Maria
Ayma Mamani, e esse familiar era um tio conhecido que tinha
algum dinheiro. Meu pai se aproximou dele: "me empreste um

Transcrição da entrevista com Evo Morales

dinheirinho, quero comprar uma terrinha para os teus sobrinhos em Chapare". Meu pai era bom devedor, mas mal cobrador; como eu, quando peço emprestado, sempre pago, quando empresto, nunca devolvem, então meu pai, sem juros, "assine aqui, menino" e pagamos. Março é época de laranja; meu pai já tinha deixado aqui no Chaco, logo fui comprar lâmpada a gás, cozinha a gás... estava cuidando bem do terreno e voltei depois de uma semana, em um mês meu pai se perdeu; não sabia cozinhar com lenha ou fogão do oriente, nosso fogão a lenha era pequeno, né? Como no altiplano, não sabia preparar a lenha com machadinha, chama-se ch'ajtar, então, não sabia disso...

Havia laranja durante umas duas semanas, laranja, tangerina, banana, mamão papaia. No altiplano é um luxo comer laranja; quando eu era criança meu pai trouxe duas laranjinhas de Oruro, uma laranja para ele e para minha mãe, outra laranja para mim, para Esther e para Hugo, para os meus três irmãos. Gostei da laranja, queria comer a casca e minha mãe disse: "não se come a casca, a casca é para o chá", tinha que saber secar, não era para comer a casca. E aqui, a laranja estava por aí, e eu pensei: vou viver à base de laranja. Duas semanas comendo laranja, banana e mamão... em duas semanas vieram os enjoos... não aguentava, não sabia cozinhar, então saí para caminhar, encontrei um *hermano* que estava colhendo arroz. Perguntei se podia ajudar na colheita: "venha, venha, jovem". E eu não fui pelo dinheiro, mas para que depois de colher me convidassem para comer. Meu primeiro trabalho. O primeiro domingo passei no Chaco. Não conhecia, não sabia do sindicato dos camponeses. No segundo domingo vi um campo de futebol, estava passando, e me encantava o futebol, jogava quando era pequeno.

P.N.: Em que posição gostava de jogar?

E.M.: Artilheiro. Então, minha mãe me contava que quando eu engatinhava, meu pai foi comprar uma bola pequeninha, jogava, e quando eu ia muito longe minha mãe ia me buscar e eu chorava muito... era por causa da bola, eu engatinhava atrás da bola. Então eu cheguei naquele campo, estava sentado com a minha bolsa, meu lanche, minha calça curta... não conhecia ninguém, então me sentei à beira do campo de futebol. Por acaso, a bola veio pro lugar onde eu estava sentado, os jovens estavam chutando, então me levantei, devolvi para eles e perguntei se podia jogar. "Sim, entra, se prepara"; me preparei no campo. Tinham dividido duas equipes e jogamos. Acho que eu era o melhor jogador da partida. Acabada a partida, nos juntamos: "como é, jovem? Como te chama?", "Evo", "Evo? Quem é você, o que faz aqui em San Francisco? É partidário?". Queriam saber se eu estava com o partido. "Não é comerciante de coca, transportador, o que faz aqui?". Todos me perguntavam. Nessa região compramos um terreno, no Chaco... tenho chaco, "ah, então já é do sindicato, vamos te visitar".

Nas duas equipes tinha orurenhos, cochabambinos, potosinos, yuracarés, indígenas do oriente boliviano; aí já planejamos um campeonato. "Joga bem", me disseram, aí contei a eles que sou de Oruro. Quando tinha 16, 17 anos me convocaram para San José. Comentei que podíamos fazer um campeonato, e logo planejamos o campeonato intersindical de futebol; já tinha me integrado só com uma partida de futebol.

TRANSCRIÇÃO DA ENTREVISTA COM EVO MORALES

Depois de certo tempo, o primeiro cargo em que sou nomeado no sindicato é na secretaria de esportes, e como já tinha mais autoridade, organizamos no meu sindicato um centro cultural juvenil, e já não jogávamos somente com afiliados, jogavam todos os jovens do sindicato. Já conseguíamos sobreviver, a situação da minha família tinha melhorado.

Geralmente, quando são casados, vem somente o homem, quando o monte está sofrendo, para não fazer a esposa, a companheira, sofrer. Depois de um ano já têm mandioca, milho, alguma fruta para levar à companheira que sofre. Se têm um filho é pior, porque não há hospital, não há nada, então, ficam a esposa e o filho um ano abandonados, e depois, no leste, quando se trabalha, tem, digo, se aceitasse, se negasse o sindicalismo, se não aceitasse a parte política, teria sido empresário, me dou conta disso. Eu comecei trabalhando com machado e facão, me agachava para plantar arroz... havia troncos semelhantes em um monte virgem, e quando tinha que colher arroz sozinho, às quatro da manhã, cozinhava uma sopa em panelas grandes, almoçava com lenha, água de rio às vezes turvo... tirávamos... a terra descia lá de cima, a água que vinha de cima ficava um pouco assim, cristalizada. Cozinhava para os peões [incompreensível] de [19]80 a [19]88, minha primeira e última colheita de arroz foi em [19]87, e só agora, desde aquela época, voltei a colher. Em [19]88, já executivo da federação, com 29 anos, jovenzinho [incompreensível] primeiro... aí... não faltavam alguns opositores internos, ganhei deles, depois, confirmado... na primeira diretoria, em [19]88, eu era o mais novo, e agora sou o mais velho do comitê executivo.

O golpe de 2019 na Bolívia

P.N.: Prodígio, se diz "prodígio"? Um jovem que consegue coisas espetaculares (risos), muito bem, e da infância, tens alguma recordação mais marcante? Boa, má? Da vida familiar?

E.M.: Meu nascimento, assim, como ser humano, foi em Orinoco, meu nascimento sindical, na política, foi em Cochabamba [incompreensível] primeiro... primeiro a folha de coca, que, em seu estado natural, é alimento [incompreensível] tomo farinha de coca com mel [incompreensível] de um ponto de vista econômico... diante disso, imediatamente nos demos conta que é cultural já na Colômbia.

A quanto? Cem, duzentos milhões de dólares de investimento dos Estados Unidos, sob o pretexto de lutar contra o narcotráfico... terrorismo, com nove bases militares, como cresce o narcotráfico. Quando fui presidente, um ministro, seu motorista era ex-policial, surgiu o tema. Ele havia se aposentado porque o ameaçaram, haviam apreendido cocaína na fronteira com o Chile, e a DEA levou uma parte. Ele protestou "por que vocês estão levando? Tem que incinerar ou entregar toda a cocaína que apreendemos". A resposta da DEA à polícia foi "vamos pagar o bônus de vocês". Não sei se ouviram falar do governo de 1984, [19]85... Nessa época uma parte do governo fabricava cocaína para combater os guerrilheiros da Nicarágua [incompreensível] ainda hoje os Estados Unidos vivem da cocaína, então, não há nenhuma luta contra o narcotráfico [incompreensível] a guerra contra as drogas... já faz tempo [incompreensível] essa guerra contra o comunismo, contra o terrorismo, o narcotráfico... sigo pensando que a política dos Estados Unidos vai fracassando também com este

TRANSCRIÇÃO DA ENTREVISTA COM EVO MORALES

outro problema na Ucrânia [incompreensível] a imprensa faz parecer que a Rússia está invadindo... então, uma decadência [incompreensível].

Nós vivíamos como se vive com os militares, haviam militares na ponte, passando a última ponte, em [19]88. Mais um plano de coca zero em cinco anos, marchas, greves, lamentavelmente nunca havia diálogo. Eu era dirigente na central campesina, as sindicais, eu fiquei com isso nos anos [19]90, o sindicato de base [incompreensível] há sindicato... central campesina, a central era a Federação. E as federações, as seis federações.

Eu era dirigente da central 2 de agosto, minha central também. Eram 20 sindicatos [incompreensível] então o dirigente da federação, Alberto Valle Julio Rocha, disse para que nos escutassem, "tomaremos o quartel", e eu e meus companheiros estávamos aqui às seis da manhã, era a única central e havia chegado a hora de tomar o quartel. Primeiro morto, dois mortos, tomamos o quartel e a polícia chamada Umopar queria nos entregar fuzis sem pentes, estavam negociando isso às seis da manhã [incompreensível] estavam negociando isso e alguns companheiros tinham ido tomar café da manhã com os policiais, felizes e contentes.

Eu dizia para desligarmos e um velhinho não queria desligar seus equipamentos de comunicação. Jovens de quase 28, 29 anos se meteram nisso e depois vêm pelo ar, por terra, onze mortos, 27 de junho de [19]88 e apenas saí. Saí e ali helicópteros dos Estados Unidos. Dissemos "que faremos agora?" mas os dirigentes fugiram, o dirigiente médio não, mas o dirigente principal, os jovens changos sim... sim... ya...

ya... vamos bloquear a ponte. E foram bloquear a ponte. Que aconteceu? Estão bloqueando aqui e alguns decidiram marchar para La Paz e já estavam bloqueando. Quando suspenderam o bloqueio, entram por terra e a DEA dos Estados Unidos, ou seja, gringos; a rajada foi disparada e conseguimos escapar.

J.M.: Essa seria a época em que quase te mataram e resgataram?

E.M.: Várias vezes. Era em [19]94, [19]95, e estávamos em oito no bloqueio de uma estrada de caminhões contra a política da "coca zero" e pela terra campesina. Então veio outra ofensiva [incompreensível] escapamos. Eu não gosto de fugir, um pouco com todo mundo... não gostava de deixar que se retirassem. Era preciso fugir [incompreensível].

A reviravolta... ele apareceu sozinho e estava se preparando para atirar em mim e apareceu a imprensa, então eu [incompreensível] ele teve que levantar sua arma; na foto apareceu a arma. Me disse "fujam", e já estava correndo. E outro companheiro me disse: "Evo, estão atirando em ti", e corri em zigue-zague [incompreensível] e em minutos meu pessoal da segunda federação foi destroçada. Feliciano Mamani, se quiserem podem entrevistar, está por aqui, linha histórica. A luta foi para as cordas do ringue. Os controles estavam com os agentes da DEA, com a polícia na entrada e na saída.

Uma vez, quando já era deputado, estávamos indo, eu e o motorista, eu mais acima da saída. "Desçam", grita para mim, "não vai descer?". Eu queria diminuir a segurança. "Não vamos descer, por que temos que descer? Você não é da polícia, boliviano". Olha para mim e se irrita [incompreensível] vamos!, nos

TRANSCRIÇÃO DA ENTREVISTA COM EVO MORALES

levantamos e pararam na frente do carro os agentes da DEA. "Então também não podemos pisar neles, né?". Paramos ali, falava, falava, depois levantava; tinha sido informado que eu era deputado, então, os generais, o general conhecia os da Umopar.

Então, o mais engraçado é que antes de ser deputado estava voltando de Cochabamba para o trópico, estava esperando com minha mochilinha em uma esquina de Sacaba [incompreensível] e aparece o Carlos Valderrama, que é cochabambino mas meio "gringuito", como vocês, mais gringo que vocês. Aparece e pergunta: "Evo?", respondo que sim, "estou indo a Chapare, se quiser, vamos", "é pra já", digo, e subo [incompreensível] estou trabalhando na [incompreensível] viemos e chegamos nos locais controlados. Policiais vigiando; pensava que era a DEA. Não era a DEA, eram cochabambinos gringos... dava vergonha [incompreensível] na base militar Chimoré, passamos por ali só entrávamos detidos para ser torturados. Quantas vezes havia presos? Mas quando Gonzales Sánchez de Lozada era presidente... Victor Hugo Cárdenas, Aymara, primeiro vice-presidente Aymara de Gonzalo Sánchez de Lozada acabou sendo nosso candidato, pelas nossas coligações políticas. Negociamos com ele uma semana antes, então eu estava satisfeito, mas quando Goni viajou para os eventos internacionais como... [incompreensível] presidente. Ficou, como era vice-presidente, presidente em exercício... eu não sabia, mas me informei pela imprensa... havia decolado, veio a Chimoré mas não tinha pedido permissão à embaixada dos Estados Unidos. Como não tinha permissão, voltou e foi a Cochabamba - La Paz.

Uma vez bloqueou aqui, durante um mês [incompreensível]. Tuto Quiroga já era deputado, Carlos Mesa era jornalista naquela época com seu programa, de perto era o grande defensor da capitalização; era um jornalista gonista para mim, e um escritor golpista... então me chama: "venha, quero que fale no meu programa". Eu já estava impedido de sair... e ele me diz: "vou te mandar um avião", dali a Chimoré estava tudo bloqueado... não podia ir, "mas farei o possível para desviar... pelo caminho posso chegar ao avião", disse. E Carlos de Mesa: "espere que daqui a pouco te chamo". E me chama: "já pedi a permissão da Embaixada dos Estados Unidos, há um avião para buscá-lo em Chimoré...".

Bom, eu fui por aqui, caminho adentro... monte; monte... passando o rio o carro parou, não havia como ir. Então, me chamam pelo celular: "o avião está esperando". Veja, Don Carlos estava passando e o carro parou. Pedi permissão... peço a ele que empreste um helicóptero para me buscar, dos Estados Unidos. Tinha um helicóptero; veja, quando cheguei à presidência, as Forças Armadas, a Força Aérea Boliviana, tinha um helicóptero velhinho que se chamava Llamita, eu os deixei com vinte e cinco helicópteros, deixei Super Pumas, não?

Ele contratou um avião para nada, eu não podia sair, ia a pé, pelo monte [incompreensível] repito, ou não? O carro atolou em um riacho, fiquei, quase dormi aí, vieram me buscar dois dias depois, acredito que retiraram o carro... o mais interessante foi Carlos Mesa pedindo permissão à embaixada dos Estados Unidos para que o avião entrasse. Muitas autoridades vinham dos EUA, primeiro chegavam a Chimoré e só depois

Transcrição da entrevista com Evo Morales

iam a La Paz falar com o presidente, vice-presidente [incompreensível] a primeira coisa tinha sido chegar a La Paz para falar com a autoridade para depois visitar, era assim.

Tudo isso nos fez acordar nessa região bem conhecida como anti-imperialista. Para Lucho, presidente em 2020, 97%, para governador, no ano passado, em março, 94%. Em nenhuma região do país é [incompreensível] éramos bem unidos como dirigentes ... vejam, estou falando dos primeiros anos, quando eram cinco federações no país. Mães vinham com seus filhos de 12, 13, 10 anos. Quando eu retomava, sabia as conclusões... escrevam... escrevam... [incompreensível] Analfabetos não sabiam escrever, na campanha Yo si Puedo, alfabetizei bem, mas agora, de lá para cá, cada sindicato central tem seus profissionais... dos seis executivos, Andronico, cientista político, Leonardo Loza, técnico superior, o outro executivo, Roly, sociólogo formado, o outro técnico [incompreensível] há uma nova direção, que acabou de mudar, eu não tenho formação, todos se tornaram profissionais, o chefe da central de onde saí... advogado... como começou a caminhar... quando ganhamos a prefeitura aqui em Villa Tunari [incompreensível] em [19]95 porque não nos deram a legenda política do MAS, ganhamos no Trópico, não havia sequer para a secretaria executiva profissionais para administração, traziam tudo de Cochabamba, só tinham empregos para porteiro, para jardineiro, mais nada... agora sobram profissionais... dirigentes profissionais... em pouco tempo começou a mudar...

Digo em minha avaliação, a cada fim de ano fazemos uma avaliação. Na última reunião [incompreensível] em cinco anos talvez sejam todos dirigentes nas centrais sindicais do oriente, serão legítimos profissionais, não temos porque nos envergonhar, não tem porque envergonhar-se; os jovens que querem se projetar como profissionais, digo a vocês, os pais deles eram anti-imperialistas sem ser profissionais, sem saber ler e escrever... algum... algumas... como são profissionais têm que ser melhores que seus pais anti-imperialistas, depende muito também de como orientar, debater permanentemente para não nos dividirmos porque estou convencido de que o império sempre tenta dividir... dividir para nos dominar... submeter-nos... roubar nossos recursos naturais... é isso... o tema dos recursos naturais.

P.N.: Isso é bem evidente. Quando chegou à presidência, há um antes e um depois de Evo Morales na história da Bolívia, e as nacionalizações foram fundamentais nesse processo.

E.M.: Para chegar à presidência, nos propomos três coisas [incompreensível] na política, a refundação, na economia, a nacionalização, e no social, a redistribuição de riquezas. Custou então a refundação [incompreensível] três anos de luta e luta... durante esses três anos fizeram referendo reconvocatório e me ratificaram com 67%, o último presidente eleito com 64%.

Victor Paz Estenssoro e seu vice-presidente deram golpe de Estado. René Barrientos e todos eles [incompreensível]. Eu ganhei com 54% em 2005, e Jaime Paz Zamora foi presidente com 19%. Último presidente antes de eu chegar teve 21% [incompreensível] 9% para Sanchez de Lozada em 2002 e [incompreensível] e o meu referendo reconvocatório foi bem sucedido, com 67% de aprovação... Fracassaram com o

Transcrição da entrevista com Evo Morales

referendo e tentaram nos dividir [incompreensível] e veio... aí começou o golpe de Estado.

E aí veio a UNASUL, Lula com Chávez os rejeitaram enquanto presidentes. Por aqui também se equivocaram, houve um massacre da direita em Pando. Futuramente [incompreensível] o primeiro golpe de Estado [incompreensível] foi difícil entrar [no governo] [incompreensível] garantimos que sairíamos do Estado [incompreensível] para manter um Estado Plurinacional, primeiro Estado Plurinacional da América, e agora estão em debate nossas propostas. Por que não uma América Plurinacional? O que é América Plurinacional? América Plurinacional [incompreensível] somos tão diversos... é a unidade na diversidade para enfrentar a adversidade... não sei de qual descendência são vocês... hoje em dia somos originários e seus pais foram espanhóis, eurupeus ou portugueses, são originários? [incompreensível]

Como Estado Plurinacional estamos propondo unidade aos originários contemporâneos. Continuam originários, mas com uma política nacionalista de soberania de independência na luta por igualdade... pela paz... só vai haver paz com justiça social. Os Estados Unidos seguem controlando La Paz, mas com intervenção militar. Nós lutamos pela paz mas com justiça Social. Essa profunda diferença com o Império custou muito e nos garantimos. Um dia poderia falar-lhes desse processo... a nacionalização foi, para mim, o mais fácil, embora queira dizer a vocês [incompreensível] ministros não queriam nacionalizar.

Para ser autoridade você não precisa apenas energia, mas valentia [incompreensível] os ministros não queriam reformas nem lucros. A inflação, o Álvaro pode te contar em detalhes! [incompreensível] Apoio, apoio, apoio foi o que decidiram... tenho meu segundo livro pronto, mas nesse livro ainda não menciono que ministros não queriam a nacionalização. Estão por aí, no governo. O terceiro livro vai detalhar os ministros que não queriam nacionalizar... Sobre o tema da redistribuição de riquezas era importante mudar as normas que eliminamos [incompreensível] O Estado era um 'hospital' de bancos doentes [incompreensível] para o pobre não havia nada [incompreensível] eu sempre digo: é preciso respeitar as leis, mas é preciso submeter as leis às necessidades do povo.

Uma vez romperam comigo fazendo ato público. Na verdade, eu faço ilegalmente as obras, mas não estou roubando as obras... faço um favor a eles. Que legalizem! A imprensa me contestou com mais essa licitação [incompreensível]. Aquele que sabe roubar, rouba seja de licitação pública, seja de concessão direta, depende da pessoa. Eu dizia que havia uma licitação pública mais segura... e mentiam. É isso, eu creio que clamava-se pelo "Bolívia Cambia". Evo cumpre com esse primeiro programa todo diretamente. Evo é o governo da Bolívia. Me diziam o que o governo tinha que fazer. Eu fazia diretamente com os demais governantes. Cada governante tinha seus projetos... veja, os primeiros projetos com o programa "Bolivia Cambia", Evo cumpre. Às cinco, às seis da manhã já estava analisando os projetos de todos os prefeitos que não passam de, no máximo, 100 mil dólares. Estava todo o dia trabalhando, todo o dia revisando tudo com os prefeitos. Às seis da tarde já estava distribuindo cheques para que fizessem

TRANSCRIÇÃO DA ENTREVISTA COM EVO MORALES

escolas, quadras de esportes, postos de saúde, algumas pequenas pontes estavam com defeitos... Como em um dia Potosi
tem quarenta projetos? [incompreensível] eu não sabia, mas já
estavam trabalhando. Arrecadava, projetos e então acabava,
desembolsava para programas sociais.

Antes, no campo, nas províncias, a Igreja Católica era
a maior edificação. Agora, a igreja é pequeninha, agora são
muitos colégios, ginásios esportivos, hospitais. Ainda faltam
hospitais. De modo simples se viu, porque a sorte que tive, que
você vê. Nacionalizamos uma empresa, dinheiro; nacionalizamos outra, mais dinheiro. Agora, Lucho tem esse problema,
o que mais vai nacionalizar? Tinham esse problema porque
íamos nacionalizar rumo ao Bicentenário. Era justamente a
industrialização do lítio [incompreensível] então a luta sindical, os movimentos sindicais estavam com o governo e tiramos
a DEA e, junto com ela, a USAID, expulsamos o embaixador
da época [incompreensível] demonstrei o anticapitalismo,
recuperando nossos recursos naturais da Petrobrás [incom-
preensível] também.

P.N.: Eu ia falar sobre isso, porque a imprensa de direita
no Brasil, quando houve a nacionalização da Petrobrás, queria
que Lula atacasse a Bolívia com o Exército. Lula foi diplomático e genial, e chegou a falar com você? Foi feito um acordo
muito bom para as duas partes; mas a imprensa, a rede Globo
queria uma guerra [risos] e Lula sempre se orgulha de dizer:
"eu não, não jogo bombas em um país, eu dialogo, procuro o
consenso". Tenho a impressão que o encontro com Lula foi
muito frutífero para as duas nações.

E.M.: Lula me disse: "se vai mudar alguma coisa", porque ele sabia que a nacionalização fazia parte do meu programa, "se você tem algo para comunicar e eu não conseguir responder, pergunte ao professor..." um que já faleceu... como se chama? Foi assessor de Lula, Dilma, um tal de professor Garcia.

P.N.: Sim, sim, um assessor especial para Relações Internacionais.

E.M.: Garcia... o que está acontecendo? Falta de memória sua, companheiro? É preciso consumir coca para ter memória... Aurélio Garcia... me diziam "se comunique com ele". Eu queria me comunicar. Chamei, chamei... nunca me respondeu. Faltavam dois dias para o primeiro de maio e, no meio de 2006, nacionalizamos. Não me respondeu, e depois... iniciativa de Hugo Chávez e de Néstor Kirchner, temos que nos reunir não sei onde. Nos reunimos, os quatro, na fronteira entre Argentina e Brasil. Só os quatro, sentados: "Evo, tua decisão está perfeita, mas por que não me comunicou?", "Lula, você me disse que se não pudesse me responder, eu deveria chamar Aurélio Garcia... e ele não respondia... não respondia... Estava Chávez, estava Kirchner... o que vou fazer? Porque era meu compromisso, e eu queria combinar isso contigo" [incompreensível] e bem depois... estávamos na Cúpula, acho que era na Áustria, e ele não queria falar comigo... havia a imprensa... mas conversamos um pouco depois e já resolvemos. Lula foi muito solidário comigo.

P.N.: Foi um excelente acordo para as duas partes.

E.M.: Foi sim.

TRANSCRIÇÃO DA ENTREVISTA COM EVO MORALES

P.N.: E entre todas as conquistas que vieram com o teu governo, se pudesse escolher a mais importante para o povo boliviano, qual seria?

E.M.: A soberania econômica, o crescimento econômico... quando chegamos, a Bolívia era o último país da América do Sul e o penúltimo país de toda a América. Depois do Haiti, estava a Bolívia. Mas em três anos em que estava no governo, seis anos, era o primeiro país em crescimento econômico na América do Sul. Isso são dados, dados da CAF, CEPAL, PIB.

P.N.: Quando veio a crise de 2008 isso ficou bem claro, porque começou a cair o PIB na América Latina, mas não na Bolívia. Tinha um crescimento gigantesco.

E.M.: Desde a fundação da República, em 1825, até 2005, governaram 180 anos. Arredondando, com 9 bilhões de dólares de PIB e, está no informe de 21 de janeiro, dia do Estado Plurinacional de 2019, 42 bilhões de dólares [incompreensível] e em 180 anos, 9 bilhões... nós chegamos a 42 bilhões de dólares... por ocasião do Bicentenário vão ser 50 bilhões. O informe sempre trata do mínimo, não do máximo... Álvaro dizia: "vamos passar de sessenta". Sim, eu sei, mas eu trabalhei com o valor de 50 bilhões de dólares, e, com o golpe, baixamos a 37, 38 bilhões.

P.N.: E sobre o golpe, qual é sua leitura a respeito da direita, de que maneira foi feito?

E.M.: É um golpe internacional. Primeiro, eu digo, "foi do gringo no índio"; segundo, no modelo econômico, e terceiro, no lítio [incompreensível] os recursos, lamentavelmente ainda há na Bolívia alguns que dizem "nós estudamos para dominar os índios". Ainda há racistas, fascistas... só digo que durante a campanha de 2019 estava em Santa Cruz e encontrei jovens, creio que filhos de empresários de classe média, classe alta, aceito a "linda" reunião e estavam dizendo isto... "este é meu empreendimento!". Bom, te "parabenizo"... eu creio que o que o Estado não precisa é de pequenos empresários, de grandes empresas. Eu disse "como é que é?!" Vamos à ureia, à fábrica de ureia, fertilizantes! Em vez de conceder licitação pública à Samsung, vocês, empresários do setor privado, deveriam conceder a si mesmos, porque Santa Cruz não tem empresas de construção. A Samsung se apropria e subcontrata de vocês. Vocês é que deveriam contratar a Samsung.

Precisamos de uma economia plural, temos que respeitar o empresário do setor privado. Eu sou anticapitalista, mas não é por isso que vou atacar a propriedade privada. É preciso saber respeitar isso. Que não venham os estrangeiros roubar nossos recursos naturais. Somos donos da nossa água, luz... água... Os ingleses [incompreensível] os italianos. A água estava sendo privatizada!

Então, isso é ser anticapitalista, e nessa reunião um jovem: "presi, os cientistas políticos estão nos dizendo o que temos que fazer". Isso me surpreende, "você é cientista político?", "sim". Ah, pois façam política como Adriana Salvatierra. É nossa, não? Cientista política, jovem política... Quando se diz "ah, então façamos a lei, que só os cientistas políticos façam política". Essa mentalidade!

E daí posso voltar para minha infância, quando diziam: "no Altiplano boliviano, a política do campesino: pá e enxa-

TRANSCRIÇÃO DA ENTREVISTA COM EVO MORALES

da…", trabalho agrícola. Quando chego aqui [incompreensível], me dizem: "a política do campesino é machado e facão", e algum companheiro já te colocava na organização. Eu ia como controle social, delegado de base. Algum dirigente sempre propunha transformações estruturais, mudanças estruturais. Você está fazendo política, "a política é delito", assim nos dizia…

Essa mentalidade dos jovens de que nós, indígenas, não podemos fazer política, e já demonstramos, desde o golpe não aceitam, e porque digo uma… o golpe foi contra o nosso modelo econômico, temos um instrumento político que vem o MAS-IPSP. É algo único no mundo, não vi nada assim. Não sei como será o PT, não vi. O que é o movimento indígena? Durante a história, durante a colônia, o setor mais discriminado, até ameaçado de extermínio… Esse movimento político não vem de cientistas políticos, sociólogos, antropólogos, mas de indígenas.

Quando começamos, não queriam dirigentes profissionais, menos advogados, no instrumento político. Mas eu dizia: "companheiros, nós somos especialistas em fazer decisões coletivas, petições, mas não somos bons em redigir decretos e leis, precisamos de profissionais". Sim, pouco a pouco fomos incorporando, não queriam. São fundamentalmente Quechua, Aymara. É aí que nasceu o movimento indígena, nasce nosso instrumento político, o MAS-IPSP, mas não faltaram outros setores profissionais.

E, segundo, o "Programa do Povo". De onde vem o "Programa do Povo"? O que é o programa? A nacionalização do fundo monetário internacional é impossível, dali só vem as privatizações. O que o fundo proclama? Um Estado mínimo, um estado anão, um Estado que somente regule e que não mude. Tudo é privado.

P.N.: O mínimo para o povo, o máximo para os empresários.

E.M.: Então vem a nacionalização, e marchamos daqui para La Paz pela nacionalização do petróleo [incompreensível]. Os mineiros também, petroleiros, todos na marcha da nacionalização. Então, temos um projeto político e um "Programa do Povo" e trabalhando! E esse modelo que é parido pelo povo deu resultados. Esse crescimento econômico. Então, me dou conta que o capitalismo, o imperialismo, não aceita que haja um modelo econômico melhor que os modelos econômicos do neoliberalismo. Então, foi preciso dar o golpe de Estado, não querem concorrência.

E terceiro, vamos lá, os países altamente industrializados só querem de nós a garantia da matéria-prima. Não querem de nós qualquer valor agregado. Das muitas lembranças que tenho, comento com vocês sobre o tema do lítio. Em 2010 fui convidado para ir à Coréia do Sul. Fui para um acordo bilateral. Me convidaram para ver a indústria do lítio, de bateria de lítio, recentemente inaugurada. Novo, lindo, grande! E o projeto, quanto custa? 300 milhões de dólares. Nesse momento, penso, porque as reservas estavam crescendo. Quando cheguei ao governo, as reservas internacionais eram de 1.700 bilhões de dólares. E no melhor ano, 2015, 2016, mais de 15.000 bilhões de dólares de reservas internacionais. De 1.700 a mais 15.000 bilhões. Começamos com a industrialização, fuga de capital um pouco baixa. Ano passado, tudinho foi destroçado.

Transcrição da entrevista com Evo Morales

Então, em 2010 estávamos com 10.000 ou 11.000 bilhões de crescimento. Quando me falam, na Coréia, em 300 milhões de dólares, eu digo: "façamos isso", seu gêmeo na Bolívia. Garanto os 300 milhões. "Não, não, não".

No Japão, a Toyota japonesa, bem querida e requisitada em todo o mundo. Eu disse ao presidente do Japão, você tem que montar a Toyota japonesa na Bolívia com lítio boliviano. Me diz "sim, Evo, é necessário estudar, ver se funciona". Não queriam. Mas nos pedem lítio, lítio, lítio. Várias negociações. Eu falo com Álvaro, nós começaremos, agora! Começamos nos laboratórios, para carbonato de lítio, hidróxido de lítio, papel. Começamos, contratamos estrangeiros, os colocamos nos laboratórios. E depois, aprendemos e tomamos dos estrangeiros. Íamos nos lugares, de Uyuni a Potosí. Me faz chorar ver os jovens trabalhando, e como estão bem, graças ao presidente. Digo isso a vocês. Então vêm as indústrias. Nós começamos, e começaram alguns companheiros nossos, não faltam alguns vendidos. Como eles vão se envolver? Agitando. Primeiro, as regalias para Potosí. Não estamos sequer na terceira parte de alguma industrialização, estamos começando, e já estão brigando por regalias.

Então, a China, por exemplo, e [incompreensível] o mercado, por 70 anos, teria mercado para 70 anos de lítio. Dá pra imaginar? Como a China ia se envolver, se envolveram ali. Foi o golpe do lítio. Então, estou convencido que o golpe no lítio é uma prova de que os países industrializados não querem, não querem que atribuamos valor agregado a nossos recursos naturais. E, pior ainda, que o índio, os indígenas, os movimentos sociais estejam se industrializando. A Petroquímica foi paralisada, paralisaram o lítio, paralisaram o ferro, as fronteiras com o Brasil, em Puerto Suárez. E sempre importamos cimento do Peru, mas já exportamos cimento ao Paraguai. Paralisado! E assinamos a exportação de 350 mil toneladas de ureia por ano ao Brasil, e foi paralisado. Em 17 meses perdemos 450 milhões de dólares que pararam a indústria de uréia do Brasil. O golpe é esse, em resumo.

P.N.: Quais foram os momentos mais tensos antes do golpe? Como era a relação com a direita? Não havia relação? Vinham ameaças?

E.M.: Não, eu diria que os primeiros anos foram difíceis para mim. 2006, 2007, 2008. Depois que se aprovou a indústria, momento difícil, eles diziam que concentraram 1 milhão em Santa Cruz. Evo, "o macaco menor, o macaco maior era Chávez". "Evo ditador", "Evo assassino", me chamavam de tudo. Derrotamos três golpes de Estado, o primeiro em 2008. Segundo, a marcha por Tipnis. Como fazer? E construíamos o caminho de Villa Tunari a San Ignacio de Moxos. Havia um contrato, terminado, faltava resolver o tema do meio ambiente para realizar o projeto. E se dá o golpe de Estado. Usaram o movimento indígena, uma pequena parte chegou a La Paz. Foi o que disseram, não? "Evo deve se afastar", "renúncia de Evo". E a direita, o que dizia? Gritavam "Villarroel, Villarroel, Villarroel".

Em 1949, enforcaram um presidente militar com muita ascendência no movimento popular; o movimento indígena, especialmente, era do campo. Queriam me enforcar. Ganhando a batalha. Depois, vejamos, por duas semanas, a

TRANSCRIÇÃO DA ENTREVISTA COM EVO MORALES

polícia entrou em greve. Tomaram a praça Murillo, visavam o palácio, cercando com seu bando, queimando. O plano era que eu afastasse as Forças Armadas, que houvesse matança. Resistimos, resistimos e derrotamos. A direita inclusive pagou aos portadores de deficiência na marcha a Santa Cruz, La Paz. Depois cansaram, derrotados.

Comentamos com Álvaro, "é preciso resistir, vamos ganhar essa batalha, não entraremos na provocação". Mas era necessário mobilizar, de imediato, e rapidamente nos mobilizamos. Mas, faltando uns dez dias, o comando militar pediu uma reunião, só comigo, sem Álvaro. Eu sempre ia com Álvaro à presidência. Se a reunião era com os militares, com a defesa. E os comandantes me disseram: "trata-se de defender o governo, nossas balas só vão durar duas, três horas". E os generais diziam: "não temos balas". Por que não compraram balas? Vocês sabem que são capazes, estudaram, como podem esquecer isso, sabem o que é isso? Não sou como eles.

O tanto que eu lutei, marchei pela vida, tanto esforço para ser o único presidente que trabalhava das cinco da manhã até, geralmente, onze da noite, meia-noite, às vezes até a uma. Para mim nunca houve sábado, domingo, nem feriados. Primeiro de janeiro, às sete da manhã, também estava entregando obras. Às cinco da manhã também estava entregando projetos, às vezes assinando cheques, entregando projetos, pagamentos, o tempo não era suficiente. Como vão me dizer para comprar armas, balas para as Forças Armadas, porque não têm. Mas no dia, dia 10, aqui é *patria o muerte*,

Manuel Canelas, ministro da Comunicação, um daqueles que chegaram até mim, às duas da tarde, uma, duas da tarde, "já deram o golpe", disse ele. Domingo, 10 de novembro, eu estava no aeroporto, tinha que viajar para cá, para Chimoré, estava previsto aqui, para organizar, um dia. E vamos organizar, vamos resistir daqui. E quando disse isso, não sei se era Gabriela Montaño ou Juan Ramón, até agora não perguntei, me disse, basicamente: "salvar o processo de mudança é salvar a vida de Evo". Essa é nossa reflexão.

E quando digo que não, não, não! Vamos resistir, aqui é *patria o muerte*, disse ao ministro da defesa. Disse-lhe, vamos descer à Casa Grande do Povo, porque eu estou no aeroporto, claro, era difícil descer. Mas quando me disse que "defender nosso processo de mudança é defender a vida de Evo", isso me fez pensar. Então, às três da tarde, mais ou menos, é isso, foi preciso sair daqui. Já haviam nos tirado o avião. O comandante do grupo presidencial era um Quechua, [incompreensível]. O ministro da defesa, que era um covarde, não dizia nada, estava caladinho; o comandante da força aérea, que está na prisão, era o general Terceros. Disse a ele: "não consigo entender, general, por que vocês retiraram o avião da presidência?". "Certamente vão ter problemas legais", e ele: "não, presidente, não, você manda, presidente, preparamos o avião para o senhor", e eu disse: "mas por instrução sua, segundo o comandante do grupo presidencial, não posso usar o avião?". E ele disse: "não, não, não, venha" [incompreensível] fui, e assim saímos. Se não fosse por esse chamado, não sairíamos. Nesse dia, tinham oferecido 50.000 dólares aos oito militares

TRANSCRIÇÃO DA ENTREVISTA COM EVO MORALES

que estavam na segurança, polícia, para que eu me entregasse ou fosse capturado. Militares, para que me entreguem à polícia. Então saímos, né, [incompreensível] mas não renunciamos, já estavam em Chimoré [incompreensível]. Então, e não se equivocaram, pois, claro, depois de estar no México, na Argentina, a melhor decisão que tomamos. Ia acontecer comigo o que aconteceu com Allende.

P.N.: Presidente, houve alguma ameaça direta de morte?

E.M.: Ahhh... tantas vezes.

P.N.: Mas no golpe, acho que foi o momento mais tenso.

E.M.: Tantas vezes. Um dia antes. Aqui, um dia, junto com a equipe de segurança, ofereceram 50 mil dólares. No dia seguinte, 11, que já haviam [incompreensível] denunciado, estavam reunidos no dia 11 de novembro, mas no quartel sabiam, cada um dos policiais, policiais e civis, armados, com gás, e cinquenta mil dólares. E confiscaram. O movimento camponês estava concentrado. Mais de 10 mil companheiros controlando o aeroporto. Ameaças! Nada faziam.

P.N.: E a história de um míssil. Tentaram atingir o avião? Como foi isso?

E.M.: Eu não me dei conta disso. Vejamos, primeiro, [incompreensível] o primeiro refúgio era no Paraguai. Mas não tinham logística para me levar. Mantivemos o Paraguai. Segundo, no México, no dia 11, pela manhã, já estava aterrisando um avião militar em Lima, e, durante todo o dia, não queriam que o avião entrasse. E levantou voo e voltou a partir da fronteira, e Lima não quis vender combustível. Está no livro, o livro do presidente, não lembro direito. E, por fim, disse a mim mesmo, duas coisas ajudaram. Essa concentração de companheiros, mais de 10 mil companheiros concentrados, e a gestão de Alberto, de Hugo, perdão, de Maduro, o presidente de Cuba, do México, o ex-presidente Zapatero, Samper, do Lula não tenho informação. Por isso, é gestão, gestão, gestão. O Sistema Internacional e a Organização Nacional. E, finalmente, entrei, às dez da manhã, no avião, não sei, nos aproximando do monte, lá, abaixo.

P.N.: Lula estava na prisão, não?

E.M.: Sim. E finalmente chegamos, chega o avião, entramos rápido, subimos, o avião já estava taxiando, chegou ao final da pista para decolar, e não subia. Ficou assim por quase meia hora. "O que está acontecendo? O que está acontecendo?", perguntei, "por que não estamos decolando?". As pessoas já estavam indo embora, Então nos dizem: "Evo, não há permissão para sair". Nos olhamos: "o que faremos?". E retornamos, outra vez, taxiamos até o terminal. Eu disse: "bom, eu ligo, companheiro: por que não estão me deixando sair?". E, novamente, o pessoal que estava indo embora: "venham, voltem!", com fogos de artifício. Bum, bum, bum! Convocaram-se, aglutinaram-se. Paramos ali, no terminal, e eu já tinha cansado de chamar o general Terceros, comandante da Força Aérea. Falei, falei.

O vice-presidente, o Álvaro, o chamou: eu disse "general, tudo bem, não temos permissão para sair, mas saiba que aqui há uma concentração de mais de 10.000 companheiros. Teus soldados vão queimar, certamente vamos queimar, e isso será responsabilidade tua. Saiba que estão concentrados, saiba

Transcrição da entrevista com Evo Morales

que estão nos informando a cada minuto. Já estamos voltando". "Vamos ver, me passe o piloto ao telefone", diz, "sim, tens ordens de sair". E saímos. "Saímos, saímos", ouvi, já cansado, preocupado, mas agora, agora, salvamos a vida. Então, o companheiro, seus pilotos, a chancelaria, contam isto, que dispararam contra o avião. Quando chegamos averiguei. Sim, os policiais tinham disparado.

P.N.: E... como foi processar toda essa situação, diante da possibilidade de perder a vida? Acho que é uma questão pessoal, mas como é passar por isso, para a tua subjetividade? Pensou em abandonar a política? Isso te deu mais força para continuar?

E.M.: Primeiro, não. Pode-se retroceder, cair, levantar, preparar-se, organizar-se, assim, na luta. Na primeira semana fiquei incomunicável, tinha que sair do México. Na segunda semana já reagi, por assim dizer. Na segunda semana saiu uma pesquisa, e, segundo ela, MAS seguia em primeiro, mas sem candidato. [incompreensível] supostamente por motivo de saúde, mas era para organizar. Em Cuba, nos organizamos com Maduro e com Raúl. Meu plano era entrar aqui. Eu tuitei naquela vez: "como sou mais útil, exilado ou preso?". Se venho para cá, me prendem. E os militares percorrendo toda a fronteira e perdidos. Conheço bem a Bolívia, iria entrar pelo caminho certo. Então, me fazia rir. Mas lembro de ter admitido para Raúl. Ele perguntou: "o que vai fazer?", e eu disse: "vou voltar para a Bolívia". Deus, há pouco estava na prisão acho que por, no máximo, um mês e meio. Duas semanas, três semanas, cinco dias. Conheço bem a prisão. O Evo de antes, agora, é o Evo de hoje.

O GOLPE DE 2019 NA BOLÍVIA

Então, me disseram três coisas. Vejamos, primeiro, três coisas. Vão te cortar a comunicação. Segundo, vão te envenenar. Se não puderem te envenenar, vão provocar uma revolta entre os presos. Lá vão te entregar. Volte ao México. Cheguei lá, Fernández tomou posse e no dia seguinte vim à Argentina. Acho que, justamente, em 11 de dezembro, um mês, "rapidinho". Meu plano era chegar à Argentina, vir até a fronteira com a Bolívia, que vinha daqui, me organizar, organização, organização! Aí os Estados Unidos se mobilizaram, houve chantagens para que Fernández me devolvesse e me entregasse na fronteira. Um grupo de apoiadores, lá na Argentina, colaboraram. Alguns países não colaboraram; uma luta de cooperação para chegar aqui, aqui. Estava tudo preparado. Chegou o Fernández, um dia, sem a imprensa, veja só. Eu disse: "presidente Fernández, que seja assim. Vão especular. Com muito cuidado". "Mas não faça bagunça", disse Fernández. Eu decidi, meu plano era organizar a partir de La Quiaca, fronteira com a Bolívia, lá, pertinho de Yacuiba, onde, também, estava tudo preparado.

P.N.: Se fosse historiador, como acha que os historiadores vão interpretar toda essa situação e quem foi Evo Morales para a história da humanidade da Bolívia, da América Latina?

E.M.: Não sei, eu só conto sobre a minha vida, meu trabalho. Mas quero que saibam. Eu cheguei à presidência sem formação acadêmica, graças à verdade e graças à honestidade.

Thomás: Eu gostaria de saber o que gosta de ler, e que tipo de livros?

E.M.: Não, não... Não sei muito de leitura. Álvaro foi um grande leitor. Eu não. Quando era criança li *La Revolución India*, que me surpreendeu. O jornalismo indígena, o *Manifesto del Partido Indio*, isso me ajudou bastante. Os livros de Galeano me ajudaram bastante a entender. Nunca passei por cursos, escolas de sindicalismo, não, não... Nenhuma ida ao exterior, Europa, não. Na escola, as reuniões, nas lutas sindicais, essa é minha escola. Era importante. Gostava de escutar notícias. E escutava mais quando era dirigente, há meios de comunicação que ajudavam, assim, e há meios inimigos. Mas, por mais que gostasse de escutar a rádio ou a televisão inimiga, preferia dar ouvidos aos camponeses.

J.M.: Eu tenho outra pergunta. Qual é a sensação de poder ver a diferença de como era, antes de ser presidente, o racismo que havia na Bolívia? Porque antes de Evo Morales era impossível pensar em um indígena presidente... ou em uma mulher de saias ocupando um lugar de poder. Os jovens também tinham vergonha de ter origem camponesa, não? Depois de Evo, hoje em dia, vemos outra realidade. Como te sentes ao ver isso? Por que teu personagem propiciou isso, não? Tua chegada ao poder proporcionou essa mudança profunda. Como isso faz você se sentir?

E.M.: Claro, mudou totalmente. Comentávamos nas reuniões, anteontem, no sábado também tinha reunião com a Federação do Trópico, com as seis federações, me fazem acreditar que sou seu executivo. [incompreensível] Eu fico um tempinho, umas duas horas, eles estão todos os dias em reunião, mais de mil dirigentes debatendo, escutando. Então comentavam como era antes, como estavam todos orgulhosos. Sem o Trópico não lutaríamos, não se escreveriam as histórias de hoje. Então convidavam, por exemplo, uma mulher para falar.

Desde [19]95, [19]99, e aqui decidimos, sindicalmente, para todo o Trópico, a metade do conselho de mulheres, metade de homens. Eu defendia essa iniciativa. Não havia normas de equidade. Não havia. E aqui estamos. E em alguns municípios colocavam minhas companheiras, minhas irmãs, como suplentes. Iam lutar. E neste momento, em toda Bolívia, só homens jogam futebol. Aqui, partidas eliminatórias para as mulheres [incompreensível] Vamos fazer mais isso.

A nível nacional, para que temos certos políticos? Eu mudei. Mas ainda há racismo, não? Mas são poucos. Não, não acabou! Mas o racismo, o fascismo, acho que voltou com o Trump. Porque eu fui a muitos eventos, cúpulas de chefes de Estado, posses de presidentes, acompanhado. Mas quando eu fui, fui à posse do presidente, como se chama? Pablo, que era um dos peruanos, como se chama? Antes de Pedro, como se chama o que ganhou as eleições antes de Pedro? Fui à posse. E havia umas senhoras com faixas fascistas, racistas. Assim, na frente, na entrada. Porque está lá, não? No cordão de isolamento, como se chama? Para a entrada do presidente, assim, na frente. O que está acontecendo? Não conseguem entender isso.

P.N.: Sim, isso acontece com Bolsonaro. E eu gostaria de saber qual é tua visão sobre esse governo desastroso. As questões indígenas, ambientais, e que tem alas permanentemente a favor da ditadura, do fascismo. Depois gostaria de saber sobre a situação da Ucrânia. Qual a posição da Bolívia a respeito?

TRANSCRIÇÃO DA ENTREVISTA COM EVO MORALES

E.M.: Não, eu agora não sou presidente ou representante para me posicionar sobre a Bolívia, né? Pois agora, como respeito o nosso presidente Lucho Arce. Uma posição oficial sobre Ucrânia. Vejam, eu não quero comentar, avaliar quem é Bolsonaro, a nenhum país. O que estou convencido é de que aqui serão humanistas, serão socialistas, temos que ser anti-imperialistas, a América do Sul vai avançar, ganha Pedro Castillo, o dirigente sindical, ganha Gabriel Borges, por exemplo. E isso [incompreensível] a Lula, com os BRICS, com muitos companheiros com os quais tenho contato. Agora aqui, vocês me conhecem, estão assim, próximos, estão próximos como estar com Lula.

E se não acontecer nada na Colômbia, ganharia, pela primeira vez, um partido de esquerda. [incompreensível] Está no Paraguai, e quando a economia for dirigida pelo partido de esquerda, por parte dos liberais, como se chama, no caso de 2012, podemos entrar no Paraguai no ano que vem, e não estamos com eles. Estados Unidos está perdendo…

Eu pensei, depois de serem expulsos do Afeganistão, vão começar a controlar aqui. O grupo de Lima está aí, morrendo, estamos retomando novamente a Unasul. Como vou te responder, é uma questão. Então, já não há, já estão desaparecendo, a ameaça no Pacífico, que era para retomar as políticas de consenso do Brasil. Não, antes era a ALCA, mas, onde está? O grupo de Lima existe para quê? Para atacar Maduro, só para isso. Então, ainda que existam diferenças evidentes, não podemos ser economistas, mas não somos revolucionários. Entendo perfeitamente que cada país tem suas particularidades.

Para ser revolucionário, tem que ser anti-imperialista. Para alguns presidentes, a partir da condição humanista, entendo. Mas não é possível, inclusive, alguns dos governos dizem [incompreensível]. E isso está em toda a América Latina. Quem? [incompreensível] Cuba, Venezuela e Nicarágua. Essa é nossa diferença comum. Esta é a América Latina, mas também a Bolívia. Deve ser coerente, não sei bem.

O movimento indígena, desde a invasão europeia de 1492, os antepassados anticolonialistas. Não inventamos o anticolonialismo. Só nos recuperamos. Somos herdeiros dessa grande luta dos antepassados. Então, vai avançando, e por isso eu dizia que a luta contra o narcotráfico fracassou, a guerra contra ele fracassou. Se se voltam para o capitalismo, para o imperialismo, então consideram que os únicos socialistas passam a ser terroristas. Nunca! [incompreensível]. Maduro, outro dirigente, ou [incompreensível], o outro dirigente, magnicídio, terrorista presidente. Muito bem!

P.N.: A verdade é que o verdadeiro terrorismo é o dos Estados Unidos. É um terrorismo de Estado. É o verdadeiro terrorista.

E.M.: E agora, para encerrar, companheiros, não vou dizer que se leve a um nível. A imprensa internacional tem o posicionamento de que a Rússia está promovendo uma invasão. A culpa é dos Estados Unidos, é da OTAN. O expansionismo, o intervencionismo. Não fazem isso pela guerra. As guerras uma parte dos Estados Unidos para vender suas armas. Me informei sobre 1900, sobre a Guerra do Pacífico, em 1932. A guerra... perdão, a Guerra do Chaco. Não era uma guerra entre para-

TRANSCRIÇÃO DA ENTREVISTA COM EVO MORALES

guaios e bolivianos, era a empresa petroleira norte-americana e a inglesa. Quem controlava o combustível? Estados Unidos vendia gasolina para nós, mas também para o Paraguai. Estou falando só o mínimo. É assim no mundo todo. É o controle militar e industrial, para o negócio do capitalismo, do imperialismo. Agora quer avançar, quer se expandir, exportar, qualquer um vai defender seu país, sua região, afinal. Muito.

P.N.: Evo, uma última pergunta: voltarias a ser candidato à presidência?

E.M.: Não me pergunte isso, por favor, estou feliz no meu canto.

P.N.: Perfeito. Evo, muito obrigado por tudo. Alguém gostaria de dizer mais alguma coisa?

J.M.: Ah, não. Só queria perguntar algo para terminar. Durante o golpe, quando esteve fora, qual foi tua percepção sobre o apoio dos bolivianos no exterior? Porque, por exemplo, em São Paulo criamos um comitê contra o golpe e articulamos muito os bolivianos. Não tínhamos essa articulação com a Espanha, com a Argentina, com o Chile. Mas nunca ficamos sabendo se efetivamente tinha a percepção de que havia um movimento de apoio, no exterior, dos imigrantes bolivianos.

E.M.: Não, os movimentos sociais se mobilizaram, não? Em todos os lugares da América Latina, me surpreendeu. Um, pelo golpe, outro, pela grande mobilização pela Wiphala. Sim, me surpreendi com isso

J.M.: É muito lindo. Em São Paulo saíram mais de 10 mil pessoas pela primeira vez na avenida paulista, e [incompreensível] Era uma surpresa. Ver pela televisão, com a Wiphala, erguendo, mobilizando, protestando.

P.N.: Eu dei entrevistas para jornais de direita, no Brasil, te defendendo...

E.M.: É uma luta permanente para nos livrarmos do imperialismo e salvarmos a democracia. Acho que, um pouco, retomando o tema da Ucrânia, está... o debate é intervencionismo versus liberação. As intervenções fracassam. A liberação se consolida. Então, é outro debate. O debate pensa que os Estados Unidos são postos por Deus, como se diz, para dominar o mundo. [incompreensível] É... Não, é a América para os americanos. O imoral. [incompreensível]

P.N.: Tariq Ali, que é um escritor paquistanês, diz que Estados Unidos é um país fundamentalista, economicamente, moralmente, e utiliza a religião inclusive para dominar outros povos com esse argumento.

E.M.: Sim.

P.N.: Afirmam que são escolhidos por Deus para ser os policiais do mundo.

E.M.: Sim, sim, é isso. Mas não se dão conta que estão em decadência econômica, social. E que agora quem toma conta é a OTAN. A OTAN deveria desaparecer. Quando haverá uma corte penal internacional para enquadrar os genocidas? Aí está o genocídio, aí estão os delitos de lesa humanidade. Essa é a batalha da humanidade.

Obrigado.

Este livro foi composto com fonte tipográfica Cardo 11pt e impresso sob papel pólen natural 80g/m³ pela gráfica Odisseia para a Coragem na primavera de 2023, poucos dias após Evo Morales anunciar sua candidatura ao quarto mandato como presidente da Bolívia nas eleições de 2025.